LES CRIMES

DES

FÉDÉRÉS.

LES CRIMES DES FÉDÉRÉS,

MOYENS

D'ANÉANTIR CETTE SECTE D'ANARCHISTES,

ET

DE CIMENTER LE TRONE DES BOURBONS.

Par M. J. P. Gavaud.

Tout homme déshonoré cessa de l'être, pourvu qu'il devînt Fédéré ; comme si cette tache devait être assez forte, pour effacer toutes les autres.

Les Fédérés aiment la patrie, et voudraient là défendre, comme un vautour aime et défend la proie qu'il est prêt à dévorer, et que l'on vient arracher de ses serres ; il en dispute jusqu'aux lambeaux palpitans : que lui importe que son ennemi la déchire, pourvu qu'il en ait sa part ?...

A LYON,

CHEZ GUYOT FRÈRES, LIBRAIRES, RUE MERCIÈRE, N.º 39.

1815.

Imprimerie de J.-M. Boursy.

LES
CRIMES DES FÉDÉRÉS.

Au mois de Mars dernier , *Buonaparte* a traversé Lyon , en agitant devant lui les brandons de la révolution. L'incendie s'est rallumé, la Fédération s'est renouvelée, et ce monstre , si rapide dans son accroissement, a menacé de dévorer la France toute entière.

Les anarchistes de 1815 étaient plus dangereux que ceux de 89 , parce qu'ils étaient plus froids dans le crime. Les uns, après avoir erré de chimères en chimères , s'étaient précipités dans un chaos de forfaits, dont ils furent eux-mêmes épouvantés , et quelquefois les victimes. Les autres, forts des fautes de leurs prédécesseurs , étaient sûrs de les éviter : ils avaient un plan , un chef ; leur marche était régulière et circonspecte ; les effets étaient prévus et calculés ; et le plus bel empire du monde allait redevenir pour jamais la proie d'une poignée d'intrigans couverts de crimes dont ils faisaient trophée , parce qu'ils leur étaient redevables de leur élévation.

Tant qu'on ne vit dans la Fédération qu'une association militaire, le nombre des Fédérés fut très-limité, à cause des dangers de l'entreprise ; mais lorsque les fondateurs de l'ordre révélèrent à leurs prosélytes , que leurs jours précieux seraient en sûreté, qu'ils devaient être seulement, *comme les vestales , chargés d'entrenir le feu sacré* , et que tout serait profit : le véritable but de la Fédération fut connu , et le nombre des Fédérés devint immense.

Tout homme déshonoré cessa de l'être , pourvu qu'il devînt Fédéré ; comme si cette tache devait être assez forte , pour effacer toutes les autres.

Si au lieu d'un énergumène épileptique, les Fédérés eussent eu un chef froid et prudent comme Robespierre , avec l'armée formidable qu'on venait de recomposer de cette même armée qui avait rendu incertain le succès des Alliés , l'année dernière , des prisonniers rentrés de l'Angleterre et de la Russie , véritables enfans de la révolution, à qui le malheur n'avait pu faire oublier leur origine , des garnisons qu'on avait retirées des places fortes de l'Allemagne, de l'Italie et de toute la France, où elles étaient remplacées par les gardes nationales, c'en était fait des Alliés.

Ces vieilles bandes , commandées par des généraux qui n'auraient pas osé les jouer à croix ou pile sur un champ de bataille environné de toutes parts des redoutes de l'ennemi, se seraient vaillamment battues sur les frontières , et auraient disputé pied à pied le sol de la patrie, tandis que dans l'intérieur, les Fédérés, par leurs discours incendiaires, et leurs proscriptions, auraient forcé tous les Français à se lever en masse par terreur ou par enthousiasme. L'armée serait encore une fois devenue l'unique refuge des proscrits, et comme en 1792, une hydre aux cent têtes toujours renaissantes.

C'est ainsi que non-seulement la France, mais l'Europe entière devait être asservie. La réussite d'un tel projet n'était pas sans exemple, elle fut regardée comme certaine par des hommes qui avaient tant d'intérêt à le croire, et que Buonaparte et la révolution avaient accoutumés à tout espérer et à tout craindre.

Les ressorts d'un gouvernement, qui est forcé de recourir à de semblables extrémités, sont entièrement usés, ils ne peuvent se renouveler que par la victoire.

Dans un état bien organisé, toute association publique ou secrète qui menace de faire secte, quel qu'en soit le but, doit être prohibée, parce qu'on ne peut prévoir où doit s'arrêter son influence : si elle est tolérée, elle ne peut l'être que sous la surveillance immédiate du gouvernement.

On a vu la Franche-Maçonnerie s'établir dans presque toute l'Europe ; mais quoiqu'elle ne se composât que de citoyens tirés des classes estimables de la société, elle fut toujours soigneusement inspectée par les gouvernemens dont elle dépendit. Malgré ces précations, on sait toute la part qu'ont eue à notre révolution ses assemblées clandestines. C'est dans ces conciliabules, si communs en Allemagne, que l'on mit pour la première fois en question la légitimité des monarques régnans. Si les projets formés par d'ambitieux agitateurs ne furent pas exécutés, c'est que les têtes n'étaient point assez préparées ; c'est que la dépravation du cœur n'avait pas encore passé de la cour dans les provinces, comme en France ; soit qu'elle ne fût point aussi grande, soit que les princes qui gouvernaient alors l'Allemagne, eussent conservé plus d'empire sur leurs peuples ; soit enfin, que ces peuples, moins précoces que nous par la nature du climat, ne fussent point *mûrs pour les idées libérales.*

La Fédération a commencé par être une association secrète ; elle doit finir comme elle a commencé. Qui sait si la franche-maçonnerie ne deviendra pas un jour son dernier refuge. Elle tient peut-être déjà ses séances dans les loges bâtardes.

Diderot, *d'Alembert*, *Grimm*, *Necker*, et tous les adhérens de la secte de Voltaire, préludèrent à la Fédération dans leurs comités philosophiques. Entendit-on jamais dans les clubs de la Fédération, quelque chose de plus atroce, et d'une énergie plus dégoûtante que ces deux vers :

> Que les boyaux du dernier prêtre
> Serrent le cou du dernier roi.

Voltaire fut en littérature et en morale, ce que Buonaparte a été en politique, le plus dangereux des charlatans; à la différence près, que Voltaire vint le premier, fit secte, et prépara les voies; et que Buonaparte n'est venu qu'après lui, Marat et Robespierre, et a trouvé la secte toute créée. Ces trois hommes ne savaient pas qu'un gouverneur de l'île de Corse avait fait à la France un présent plus funeste que celui de Médée à sa rivale; ils ne croyaient pas travailler pour un enfant né à Ajaccio, élevé par charité à l'école de Brienne, qui après avoir recueilli le fruit de leurs travaux, les ferait oublier un jour; cependant ils n'auraient jamais pu mieux choisir eux-mêmes un légataire universel.

Buonaparte par sa conduite politique devint nécessairement l'ami et l'espoir de tout ce qui s'était vautré dans le sang des victimes de la guillotine : comme ce parti avait cessé un instant d'être le plus fort, il crut qu'il ne suffisait pas à ses projets. Il eut le grand art de tromper tout le monde jusqu'aux vrais Français, qui attendaient de lui le triomphe du trône et de l'autel.

Au moment qu'on chante ses louanges, il lève le masque, et les malheureux Royalistes, revenus de leur erreur, ne voient plus que le front hideux de Robespierre, couronné d'exécrables lauriers trempés dans le sang de l'infortuné d'ENGHIEN ! ! !....

Buonaparte était arrivé trop tard, pour voter la mort de Louis XVI son bienfaiteur; il fallait faire ses preuves, et sceller du sang d'un Bourbon, son pacte avec les régicides; il prouva qu'il était digne de devenir leur chef en les surpassant tous : le corps sanglant d'un petit-fils du vainqueur de Rocroi fut le premier degré du trône impérial. Ce dernier trait gagna tous les *cœurs* à Buonaparte; il dissipa les craintes des meurtriers de LOUIS, légitima les usurpations de tous les parvenus, et la France devint sa propriété et la leur.

Dès-lors il ne fut question de Fédération, ni de *Frères* et *Amis*. La révolution venait de finir par la révolution; ses enfans crurent en avoir atteint le but, en mettant à leur tête un homme sorti de leurs rangs, dont le règne semblait rendre à jamais impossible le retour des Bourbons et de la justice.

Une restauration inespérée est venue replonger le despote abhorré dans le néant, dont il n'aurait jamais dû sortir pour le bonheur du monde ; cette restauration ne s'est faite qu'à demi. *On a seulement changé le titre de l'ouvrage, le fond en est resté le même*(1). Les créatures de Buonaparte sont devenues celles de Louis XVIII, le gouvernement impérial est resté à peu près intact ; l'empereur n'avait qu'à reparaître, il a reparu, la révolution a recommencé, et avec elle la Fédération qui en a toujours été l'arc-boutant le plus solide. Ses assemblées, ses motions, ses membres, leurs discours, tout a été à la hauteur des grands jours de la révolution des derniers mois de 1793, et des premiers mois de 1794.

La Fédération de Lyon a été en apparence une des plus modérées ; cette feinte modération était une amorce perfide, qui se fût bien-

---

(1) Le *Nain-Jaune*, cet infame journal, qui s'est permis un jeu de mots sur la catastrophe du mois de Mars, avant qu'on l'eût apprise à Paris, parce que M. Regnault-de-Saint-Jean-d'Angely, qui présidait à sa rédaction, en avait instruit les Rédacteurs, vient d'être supprimé pour la seconde fois. On n'avait fait qu'en rayer le premier titre, et il reparaissait tout simplement sous le second : *Journal des arts*. De plus, on trouve une aigle dans les pieds et la draperie de la Renommée qui était en tête de chaque livraison. Il faut espérer que les auteurs de cet attentat seront livrés à la justice, et punis comme ils le méritent. On reviendra sur les Journaux ; plusieurs sont vendus à la Fédération, et font un mal incalculable au Gouvernement.

tôt changée en terreur. Trop de lenteur a perdu les Fédérés de Lyon, comme trop de précipitation a perdu Buonaparte ; ils ont commencé lorsqu'ils auraient dû finir ; il a fini lorsqu'il aurait dû commencer. Ne leur sachons pas gré de n'avoir pas fait tout le mal qu'ils voulaient faire. S'ils n'ont pas exécuté leurs projets sanguinaires, c'est qu'ils n'en ont pas eu le temps, ou qu'ils n'ont pas su l'employer.

Les Fédérés de 1815 n'étaient-ils pas les mêmes hommes que les nouvellistes et les agitateurs de 1814 ? Ne connaissaient-ils pas toute la fausseté des bruits qu'ils répandaient ? Ne savaient-ils pas qu'ils étaient réduits à leurs propres forces, et qu'ils n'avaient d'espoir que dans une anarchie dont ils n'auraient rien à craindre, parce qu'ils en seraient les chefs ? La nuit du 10 au 11 Mars ne dut-elle pas leur donner les plus belles espérances ? Ne se mettait-on pas aux fenêtres, qu'en tremblant de voir encore des têtes au bout des piques ? Qu'attendaient-ils pour tenir leurs séances ? Le Palais Saint-Pierre devait s'ouvrir le 11 Mars , les discours auraient dû être composés à la lueur des torches incendiaires de ces braves Sans-Culottes accourus de tous les départemens voisins, et parcourant les rues aux cris de *vive la Mort ! à bas Dieu ! vive l'Enfer !*.....

Voilà comment on s'y prend pour donner à

ses tableaux la véritable couleur des objets qu'ils représentent. Les Fédérés de Lyon, en qui reposait l'espoir des libéraux de la France entière, n'auraient pas eu besoin alors de ces députations qui ont produit de si minces effets. Lyon était plein ce jour-là d'hommes de bonne volonté, de tout le ressort de la fédération, qui en seraient devenus les apôtres les plus zélés, s'ils avaient remporté leurs sacs remplis, au lieu de les remporter vides. Quelques heures de pillage à Bellecour, qu'on avait si bien préparé pour un assaut, auraient fait plus de bien à la cause de Napoléon, que toutes les phrases que sont allés colporter, deux mois après dans les départemens, des Quincailliers, *Rouliers*, Avocats et *Barbier*, qui n'en ont pas toujours été payés au poids de l'or.

Quand on veut profiter de l'élan donné au peuple, il faut le prendre sur le fait : la réflexion éteint l'enthousiasme.

Les Fédérés de Lyon ont voulu temporiser ; cette lenteur leur serait devenue funeste, et la France aurait été sauvée, si elle n'eût point eu d'armée pour la livrer à l'Europe encore toute en armes. Mais ils n'auraient jamais rien entrepris, s'ils n'avaient pas eu des soldats pour les soutenir ; ils sont lâches et incapables de tout par eux-mêmes ; aussi les a-t-on toujours vus inviter presqu'à genoux, dans leurs affiches, tous les militaires à se trouver à leurs séances hebdomadaires.

Les Fédérés avaient rappelé Napoléon, ils devaient payer d'audace comme lui; ils ont trop parlé et point assez agi; ils ont manqué d'énergie, ou plutôt de moyens d'exécution, parce qu'ils étaient paralysés par ces mêmes royalistes que la prospérité égare, et rend trop confians aujourd'hui.

Jusques à quand les Royalistes prendront-ils pour du courage, une stérile résignation à supporter des maux qu'ils auraient dû prévenir? Ignorent-ils que pour être ami du trône et de l'autel, de l'ordre et de la paix, il faut être ennemi déclaré des Fédérés?

Le crime triomphant a bien commandé à la vertu, et la vertu triomphante ne pourra pas commander au crime! Veut-on consacrer le plus dangereux des principes, que la vertu a moins d'énergie que le crime.

Royalistes de tous les siècles, vrais Français, citoyens fidèles, nous qui avons pris pour devise : *aimer son Roi, c'est aimer sa Patrie;* pendant que les autorités feront aux Fédérés une guerre de surveillance, faisons-leur au moins une guerre de mépris. Voyons-nous entrer dans nos réunions un Fédéré, dénonçons publiquement son infamie; fuyons à son approche, et laissons seul, cet ennemi de notre repos, qui venait peut-être recueillir nos craintes sur les destinées de la France, pour s'en réjouir avec ses complices.

N'oublions jamais que notre mort était le but de tous les efforts des véritables fédérés; dans nos rues, dans nos places publiques, dans nos assemblées, dans nos propres maisons, jusque dans les bras d'une épouse adorée; par-tout nous devions trouver l'échafaud; chaque Fédéré eût servi de bourreau.

On nous dit que tous les Fédérés n'étaient pas capables de tremper leurs mains dans le sang de leurs concitoyens; l'on sait bien que dans toutes les associations, dans toutes les conspirations, jusques dans les armées, il y a toujours deux espèces d'hommes bien distinctes; les uns sont les chefs, les meneurs: ceux-là en font la force morale, les autres ne sont que les instrumens des volontés des premiers; ils en font la force physique. Quels sont les plus coupables?

Marat, Robespierre, Collot d'Herbois, Bazire, Carrier, Francastel, n'ont jamais tué un seul homme de leurs mains; un général ne se bat pas à la baïonnette; on peut être à-la-fois le plus lâche des hommes, et couronné de lauriers.

Les principaux Fédérés, membres des députations envoyées dans les départemens, non pour y recruter des soldats à Buonaparte, mais pour y organiser le meurtre et le pillage des royalistes, pour marquer leurs têtes du sceau de la proscription ; ces gens de rien parvenus, ou qui voulaient parvenir, ne parlaient au peuple que de la bourse des riches, et de ce qu'il devait espérer d'une nouvelle révolution dans les fortunes : voilà les vrais coupables, et non ces malheureux paysans, et ces ouvriers égarés, qui sont seuls punis, quoiqu'ils soient seuls excusables. Pourquoi? parce que les meneurs sauvent les apparences, parce qu'ils trament dans l'ombre : l'ennemi que l'on connaît est moins à craindre qu'un ennemi caché. La Fédération compte parmi ses membres, des hommes opulens sans doute ; mais ils n'avaient rien à redouter du pillage qu'ils auraient commandé. Le soldat ne vole jamais son général, il lui réserve toujours au contraire la plus forte portion du butin.

Si l'on trouve exagéré ce que l'on vient de dire sur les députés de la Fédération, qu'on interroge les membres du tribunal de première instance de Montbrison, sur la députation de *Teste* et de *Butignot* ; les autres n'étaient peut-être point encore initiés aux grands mystères.

La Fédération est d'autant plus difficile à détruire, qu'on n'en peut déterminer ni le siége ni la métropole, puisqu'elle est dans le cœur de tous les Fédérés.

N'oublions jamais que les Fédérés n'ont cessé de répéter pendant le nouvel exil du Roi, que si Buonaparte n'avait pu sortir de l'Ile d'Elbe, la révolution de 1815, n'en serait pas moins arrivée; et qu'ils sont allés jusqu'à dire dans un article trop fameux sur l'auguste famille des Bourbons, qui parut dans les journaux de ce temps, et qu'on attribue à Lucien Buonaparte, coryphée de la Fédération, qu'ils ne renonceraient pas à la révolution, lors même qu'ils seraient encore vaincus par les puissances étrangères.

Buonaparte ne serait point revenu en France, si rien n'y avait pas été préparé pour le recevoir; il faut bien se garder de tout rejeter sur lui, on croirait que nous n'avons à craindre qu'une nouvelle invasion de sa part; nous nous endormirions au sein de cette fatale sécurité, et, à notre réveil, nous serions environnés d'assassins.

Buonaparte n'est qu'un chef de parti, et un parti ne manque jamais de chef.

Les Fédérés n'ont-ils pas encore Carnot, Beauharnais, Lucien, Napoléon II, et au besoin, tous les traîtres compris dans l'ordonnance du Roi, même ceux qui n'y sont pas compris?

Que le gouvernement ne perde pas un seul instant de vue la ville de Lyon et ses environs; les Fédérés l'appellent le *Palladium* de la liberté, ils parlent d'en faire une seconde Saragosse; Lyon est devenu l'égoût du Midi; Lyon de 1815 peut devenir le boulevard de la révolution, comme Lyon de 1793 fut le boulevard de la royauté.

Teste, Butignot, Rousset, Grands-Maîtres de la Fédération de Lyon, étaient naguère dans la plus haute faveur auprès de Fouché; le ministère de la police de Louis-le-Désiré, était devenu le repaire de la Fédération. Les Fédérés marchandaient la France à Paris jusques sous les yeux du Roi; ils y avaient leurs députés, leurs protecteurs, leurs plénipotentiaires; c'est de-là qu'est parti ce rapport infâme, dont le but était de rendre le Roi, la France et les Alliés, ennemis irréconciliables.

Les Fédérés aiment la Patrie, et voudraient la défendre, comme un Vautour aime et défend la proie qu'il est prêt à dévorer et qu'on vient arracher de ses serres; il en dispute jusqu'aux lambeaux palpitans : que lui importe que son ennemi la déchire, pourvu qu'il en ait sa part?

Sait-on si les Fédérés ne s'attendaient pas à être récompensés par un gouvernement étranger, dont ils auraient servi les projets ambitieux?

Tout prince, quel qu'il fût, leur serait égal,

pourvu qu'il ne fût pas de la plus pure tige des lys, parce que devenant un usurpateur, et n'étant pas soutenu par les Souverains légitimes, ils pourraient s'en débarrasser quand bon leur semblerait.

Les vrais Fédérés n'ont jamais eu d'autre but que l'anarchie ; ils seraient libres alors, parce qu'ils seraient oppresseurs : ce qu'ils appellent *liberté*, c'est le pouvoir de l'ôter à tous les autres.

Qu'on ne s'étonne pas de trouver dans le sein de la Fédération, des hommes qui ont tout perdu à la révolution, jusques à leurs pères..... Ils n'ont pu, sans se corrompre, respirer dès l'enfance l'haleine fétide des bourreaux de leurs familles ; ils sont devenus leurs complices ; ils veulent faire des victimes à leur tour, et recouvrer par le crime ce qu'ils ont perdu par le crime : ce n'est pas la vengeance qui les anime, c'est la soif de l'or.

Si la restauration eût été signalée par une affreuse réaction, par des flots de sang, le pillage et l'incendie, ils eussent été royalistes ; mais quand ils ont vu que la cause du Roi était la plus pure, la plus sainte, comme la plus désintéressée des causes ; qu'il n'y avait rien à gagner, et tout à craindre à être royaliste ; et tout à gagner, et rien à craindre à être révolutionnaire ; ils ont jeté le masque, et se sont

★

montrés tels qu'ils étaient au fond de leurs cœurs devenus les égoûts de tous les crimes de la révolution.

On a vu parmi les Fédérés des Royalistes dégénérés , échanger les lauriers du siége de Lyon , contre un bonnet rouge.

La liberté de 1793 doit avoir tant de charmes pour les scélérats ! Des forfaits qui, dans d'autres temps, conduiraient à l'échafaud ou aux galères, étaient alors légitimes !...

Lorsque Buonaparte eut traversé Lyon , on transférait à Saint-Joseph des condamnés qui venaient de figurer au carcan ; ces misérables chantaient *vive l'empereur, vive la liberté!* Ils espéraient être bientôt délivrés , pour aider à la rétablir : ils étaient Fédérés de longue main.

Le 18 Juin , jour de la revue générale de la Garde nationale, passée par Mouton-Duvernay, un Fédéré eut l'audace de faire en plaine campagne , une motion effrayante. « Mes » amis , dit-il , nous voilà tous ici , nous « avons des baïonnettes , nous connaissons » tous les Royalistes : le moment est venu » de nous en débarrasser. » Cette provocation partait heureusement d'un homme obscur ; mais ce sont ces hommes obscurs qui se seraient emparés du timon de la Fédération , si les autres avaient refusé de seconder leurs projets.

A cette même revue , les principaux Fédérés, tous officiers supérieurs de la Garde nationale , lurent deux dépêches télégraphiques qui
annonçaient le passage de la Sambre, et une
victoire complette. Ils avaient tenu conseil, et
résolu de donner des détails de leur invention.
L'un d'eux qui n'avait point assisté à la délibération , gardait le silence sur cet objet : un
chef de bataillon s'approche, et lui dit : « Quoi!
» vous ne donnez pas les détails ! Quels détails?
» Comment vous ne savez pas?.... Trente mille
» tués et quarante mille prisonniers.» La bataille était du 15 après midi, et le 18 au matin,
ces Messieurs avaient déjà compté les morts et
les prisonniers , à 180 lieues de Lyon ! ! !...

Soult, major-général de l'armée , ne pouvait
pas même dire dans sa lettre , qui fut affichée
deux jours après, à combien se montaient notre
perte et celle de l'ennemi.

O Vestales chargées d'entretenir le feu sacré!
ô sublimes propagateurs des lumières ! quels
hommes vous étiez alors , et qu'êtes-vous
devenus ?...

Parmi les Fédérés, les entrepreneurs de rou-
lage méritent une place distinguée. Ils n'avaient
d'autres torts que de voir toute la France dans
leurs comptoirs ; ils étaient partisans effrénés
du blocus continental ; ils avaient de bonnes
raisons pour cela ; ils commencèrent leurs

entreprises , lorsque Buonaparte fit fermer tous les ports de la France , pour faire lui-même le commerce des licences avec l'Angleterre ; les ports une fois rouverts, il faut qu'elles cessent. Il était pourtant bien doux de faire une fortune rapide , en réduisant souvent à la mendicité de misérables voituriers. Voilà les idées libérales dans toute leur libéralité.

Tous ces motifs particuliers ne sont que du second ordre ; il en est de généraux et d'universels, tels que la haine des Bourbons et l'amour de la révolution , qui ne peuvent être séparés.

La plupart des Fédérés riches n'ont puisé ce qu'ils appellent leur esprit national, que dans leurs biens nationaux. Que demandent-ils ? on les leur abandonne pour toujours. Ils veulent encore l'honneur, ils prétendent qu'ils l'avaient sous Buonaparte. Ce sont les honneurs qu'ils voudraient ; on les leur a laissés en 1814; quel usage en ont-ils fait ? Mais on ne les avait pas compris, ils voulaient les dignités sans partage ; il fallait même destituer les nobles que Buonaparte avait mis en place ; il fallait que Louis XVIII prît la cocarde tricolore , qu'il se livrât sans réserve aux meurtriers de son Frère , et qu'il ne fît rien, que sous leur bon plaisir.

On a remarqué ce trait de génie des révolutionnaires ; la cupidité a toujours été le mobile de leurs actions ; ils n'ont jamais vu dans la révolution qu'une spéculation d'intérêt ; ils ont vendu jusqu'à leurs sermens ; ils sont gorgés du bien d'autrui , plusieurs d'entr'eux n'ont pas commencé avec un écu de six francs comme leur maître. Eh bien ! ils se font appeler *libéraux*.....

On les croirait peut-être prodigues de ces biens qui leur ont si peu coûté ; au contraire , ils font mentir tous les proverbes : ils ont tout pris, ils conservent tout : après avoir volé sous les séquestres , ils sont devenus usuriers ; tant est grande la force l'habitude !

Ils ont pourtant fait des sacrifices, pour ramener l'anarchie ; toujours on les trouvera prêts à employer leurs biens illicites, pour en acquérir de plus illicites encore.

Que de champs en France sont devenus le prix du sang ! Que de dénonciateurs couchent dans les lits de leurs victimes !....

Il faut peindre la Fédération d'après nature , sa marche était absolument celle des clubs de 1792 ; à sa naissance, elle marchait l'égale du gouvernement, et rejetait déjà les généraux et les autorités qui lui étaient envoyés. On a entendu les Fédérés demander dans une séance publique *Mouton-Duvernay* qui, par ses principes, était devenu le plus cher objet de leurs affections au lieu de *Dulauloy*, que Buonaparte avait fait gouverneur de Lyon. L'audace des Fédérés était si grande, ils proclamaient leur indépendance avec tant de cinisme, que lorsqu'on parla de leur envoyer des officiers pour les enrégimenter et les faire marcher à l'ennemi, ils répondirent que Buonaparte n'avait pas le droit de leur nommer des chefs; que les Fédérés ne relevaient que de la Fédération, et ne voulaient obéir qu'à elle seule. Ce trait ne suffit-il pas pour caractériser de véritables anarchistes?

Croit-on que si le despote le plus absolu qui ait jamais existé, fût revenu vainqueur, il aurait laissé subsister une pareille association? Il l'aurait fait rentrer dans le néant, et si elle eût résisté, il lui aurait livré une guerre cruelle.

Il y a des Fédérés dans toutes les classes de la société; on en trouve jusques dans la noblesse et dans l'église; c'était à la noblesse du Dauphiné, qu'était réservé l'honneur de fournir des affiliés à la Fédération de Lyon, parce qu'il y a parmi les nobles Dauphinois, jusqu'à des acquéreurs de biens nationaux. La Fédération a ouvert son sein aux mauvais sujets de toutes les conditions; et depuis la révolution, le nombre en est infini : qu'on juge si une semblable association est à mépriser.

On a trouvé des aigles jusques dans le trésor d'une Cathédrale.

Ce fait n'a rien d'outrageant pour le clergé; toute la France se plaît à rendre hommage à sa piété et à son courage; mais toute la France sait aussi que les plus grands scélérats de la révolution, ont été des prêtres apostats. L'usurpateur les aimait, parce qu'il leur devait beaucoup, aussi en faisait-il des Archevêques, comme du cardinal Fesch, son oncle; Dubois fut bien cardinal : quand le temps des Dubois sera-t-il donc passé?

Cette tache faite au clergé de France, par des monstres qu'il réchauffait dans son sein, a été effacée par tout ce que la piété et le dévouement ont de plus admirable; et disons-le hautement : le nombre des élus a toujours été plus grand dans cette classe de la société, que dans toutes les autres ensemble; c'est par elle qu'on a vu se reproduire la constance des martyrs; des vieillards traînés par leurs cheveux blancs sur les marches de l'échafaud, ont mieux aimé périr que de prêter un serment : voilà les plus augustes victimes de la révolution. Peu d'hommes étaient capables de cet effort sublime; et des milliers de prêtres l'ont regardé comme le plus simple des devoirs.

C'était bien sur ce serment qu'il était permis d'escobarder; peu de nobles l'auraient refusé, si on en eût fait dépendre la conservation de leurs fortunes ou de leurs vies. Voilà la religion, voilà ses vrais ministres.

Le clergé ne s'est jamais démenti, il s'est couvert de gloire par sa courageuse résistance aux volontés de Napoléon tout-puissant, lorsqu'il lui plut de faire convoquer un concile national, par sa Gendarmerie.

Dans les campagnes, sur-tout celles du diocèse de M. Fesch, on trouve encore quelques mauvais prêtres ; c'est ce qui explique le phénomène de certains dévots bonapartistes, et peut-être Fédérés.

Les Fédérés les moins coupables, sont ceux qui voudraient un prince de leur choix et de leur création, pour avoir seuls part à ses faveurs ; mais pour y parvenir, ils n'auraient pas craint de faire couler le sang sur l'échafaud ; en révolution, l'ambitieux n'épargne pas les crimes, pourvu qu'il arrive à son but ; parce qu'alors ses crimes se changent en vertus, puisqu'il en obtient la récompense.

Les bonapartistes ont une très-grande obligation aux Fédérés, qui ont bien voulu se charger de tout l'odieux de leur parti. Plusieurs bonapartistes ne l'étaient avant la restauration, que parce qu'ils craignaient l'anarchie, mille fois pire que le despotisme le plus absolu ; ceux-là sont devenus royalistes, ou le deviendront ; il faut avoir pour eux, tous les ménagemens que méritent des hommes égarés ; quand ils reviennent, tout royaliste doit leur ouvrir ses bras avec franchise. Ils n'étaient pas Fédérés, ils n'ont pas travaillé au retour de Buonaparte, ils n'ont jamais dénoncé leurs amis, leurs regards n'ont jamais été menaçans, jamais ils n'ont invoqué la guillotine. On ne les a pas vus demander à un gouverneur de Lyon, la tête des malheureuses victimes d'un dévouement irréfléchi, que l'impéritie, et peut-être la perfidie de leurs chefs, firent tomber désarmées entre les mains des sbires de la Fédération. Les officiers de la garde-nationale de Lyon, sous l'empire de la Fédération, ne se laveront jamais de cette tache ; leurs noms ont été affichés, on les conserve, ils grossissent le registre des Fédérés, qu'on ne doit jamais perdre de vue. Voilà les Français qui ont proclamé Napoléon II, la liberté, ou la mort..... De qui ?.... De leurs frères !!!....

La Fédération est un germe de destruction que la France renferme dans son sein ; il faut l'étouffer.

Les Fédérés sont des scélérats plus dangereux que ceux qui figureront aux prochaines assises ; il faut armer tous les honnêtes gens de la France pour les mettre dans l'impuissance d'exécuter leurs projets sanguinaires.

L'armée, sur-tout le corps des officiers, est

la branche la plus redoutable de cette association ; le dernier ministère de Louis XVIII levait des troupes pour la Fédération ; nos légions ne devaient être que les régimens de traîtres de l'année dernière, sous un nom différent, qui auraient prêté serment d'avance de servir le premier ambitieux qui eût voulu détrôner les Bourbons ; c'est ainsi qu'un ministère de factieux voulait s'emparer de la monarchie, pour changer le monarque à volonté.

N'oublions jamais les atrocités commises par quelques officiers échappés de l'armée de la Loire, qui ont déchiré le sein de leur malheureuse patrie, après la bataille de Waterloo.

Un Roi plein de clémence a pu promettre le pardon, mais non pas l'oubli du passé ; l'expérience n'est autre chose que le souvenir du passé ; et c'est elle qui fait toute la science des Rois, aussi bien que celle des autres hommes.

Officiers de Buonaparte, lâches cannibales, c'était contre l'ennemi, et non contre des femmes et des hommes désarmés qu'il fallait tourner votre rage. Vous avez voulu finir votre carrière comme vous l'aviez commencée, par le meurtre, le pillage et l'incendie des châteaux. Plusieurs d'entre vous étalent un luxe insolent, qui est le fruit de leurs vols à mains armées; tandis que les malheureux soldats que vous avez trompés, manquent de pain.

De quel secours avez-vous été à la patrie ? Vous l'avez assassinée, lorsque vous ne pouviez plus l'asservir.

Si Louis XVIII n'avait eu qu'un régiment Français en 1814, jamais Buonaparte n'eût tenté son invasion. Il a fallu que des Suisses, des soldats étrangers, vous donnassent l'exemple de la fidélité aux sermens qu'ils avaient prêté à votre Roi ! Rentrez dans la fange dont vous étiez sortis, reprenez les lambeaux de la misère que vous aviez quittés ; nous ne voulons plus payer vos faux sermens, et vous donner des épées pour nous égorger. Vous êtes Fédérés, restez aux gages de la Fédération.

Vous prouvez à la patrie qu'elle a tort de répandre des larmes sur ceux de ses fils dénaturés, qui ont succombé à Waterloo : plus le nombre en eût été grand, plus elle fût devenue forte. Quoi ! ne faut-il pas encore toute l'énergie du héros de Wagram pour forcer à l'obéissance les restes de l'ex-garde, révoltés par les insinuations perfides et mensongères des Fédérés de Périgueux ?

Vous dites que votre tour viendra bientôt, que vous passerez au fil de l'épée tous les habitans des villes qui ont donné des preuves de dévouement et d'amour aux Bourbons : telles sont vos intentions, nous n'en doutons pas. Vous n'eûtes jamais qu'un chef, et point de patrie. Au mois d'Avril 1814, vous offrîtes à Buonaparte de marcher sur Paris et de le réduire en cendres, pour venger son injure particulière.

Tout Lyon se souvient que le 17 Juillet, jour même de l'entrée des Autrichiens, des Fédérés de la Garde nationale parcouraient la ville, en menaçant d'ouvrir le ventre avec leurs sabres, à quiconque arborerait la cocarde blanche. Leurs officiers leur avaient persuadé qu'on garderait celle de Marat et de Robespierre, et qu'on proclamerait Napoléon II : ils l'ont cru jusqu'au dernier moment. Les Autrichiens étaient les alliés sur lesquels ils fondaient leur espoir. Les agitateurs n'avaient cessé de répéter que les soldats de François II étaient tous dévoués à Marie-Louise et à son fils. Un officier Français, passant avec son détachement, exécuta la menace des Fédérés ; il fendit la tête d'un coup de sabre à un malheureux citoyen qui avait la cocarde blanche, et qui lui fut signalé comme Royaliste, par les Fédérés du quartier : un autre Royaliste qui voulut le défendre, fut blessé.

Il ne faut pas envelopper toute l'armée Française dans une accusation, qui ne doit peser que sur un petit nombre de factieux. La plupart des soldats sont de braves gens qui n'ont été qu'égarés, et que l'on fera facilement revenir de leur erreur. Ils aimeront leur Roi, quand ils apprendront de la bouche d'un bon chef, qu'on ne peut séparer les Bourbons de la patrie sans le plus grand des attentats ; que l'existence de la France est désormais attachée à leur existence ; qu'on ne doit plus dire *vive la France*, sans dire *vive le Roi*, et que mourir pour son roi, c'est mourir pour sa patrie. Ils n'ont dû voir dans le retour de Buouaparte, qu'une conspiration de leurs chefs ambitieux qui les sacrifiaient sans pitié, pour grossir leurs épaulettes et avoir leur solde toute entière. La plus grande preuve que les soldats n'ont point eu de part à la rebellion, c'est que l'armée de la Loire a fini par se réduire à des officiers et sous-officiers : l'armée sera royaliste, quand elle ne sera plus commandée par des officiers Fédérés.

Français, qu'espérez-vous, si les Fédérés triomphent une seconde fois ? Ne voyez-vous pas qu'ils sont tous prêts à devenir assassins et régicides, et qu'il vous faudra trembler, tant qu'ils ne trembleront pas ?

L'on prétend qu'il y a parmi les Fédérés des hommes égarés. Ils ne sont point égarés, puisqu'ils persistent dans leur système. Cite-t-on beaucoup de Fédérés qui aient cessé de l'être ? Font-ils quelques concessions ? N'ont-ils pas toujours leurs assemblées, leurs signes de ralliement, leur costume ? N'ont-ils pas réglé jusqu'à la manière de se toucher la main ? La couleur du sang ne domine-t-elle pas jusque dans leurs

vêtemens ? N'ont-ils pas l'œillet rouge, la cra-
vate rouge et les banderolles rouges aux
pantalons ? On dirait qu'ils s'organisent en
légions de bourreaux. Voyez leurs yeux, ils
ont soif de sang; voyez leur extérieur sinistre,
ils semblent tous échappés du supplice, comme
ceux du Midi dont notre malheureuse ville est
devenue le refuge, et qui sont d'autant plus
dangereux, que nous ne les connaissons pas.

Voyez ces jeunes gens en bottes fortes, en pantalons à banderolles rouges, à la démarche brus-
que et téméraire, l'œil hagard, le chapeau sans
cocarde ; ce sont les limiers de la Fédération,
toujours prêts à partir dans les campagnes de
son ressort, avec des paquets de proclamations.
Voyez ces hommes bottés et éperonnés , avec
de longues moustaches et la violette au-dessus
du menton ; ce sont les Séides de la Fédération, ainsi que ces officiers en habit bourgeois,
en chapeau rond, sans cocarde, parce que l'uniforme les obligerait de la porter ; ou s'ils la
portent, elle est étroite et froncée comme leurs
sourcils d'assassins. Ils ne conservent le ruban de
la légion d'honneur, qu'ils ont déshonorée pour
toujours, que parce qu'il tient lieu d'œillet
rouge à la boutonnière. Ils jettent des regards
farouches sur les signes de la fidélité dont
vous êtes décorés : le blanc leur déplaît, le sang
est leur élément, ils en aiment la couleur. Ce

portrait des Fédérés n'est point l'ouvrage de l'animosité et de la partialité ; il n'est que trop fidèle : plût à Dieu que nous n'en eussions jamais vu les modèles !

Cependant les vrais Royalistes doivent être justes et modérés jusques envers les Fédérés : il faut mettre de côté tout esprit de parti pour bien servir la cause du Roi, et employer tous les moyens possibles pour réduire la Fédération à ce qu'elle a de véritablement impur. Déjà de nombreuses réclamations attestent, ou que l'on a abusé de la terreur qui accompagnait Buonaparte, ou qu'il y a réellement dans le sein de la Fédération des hommes égarés : que ces réclamations continuent, elles seront favorablement accueillies, pourvu qu'elles soient franches et loyales.

En politique, comme en morale, on peut s'arrêter au bord du précipice, lors même qu'on y a déjà mis un pied.

Que les Fédérés qui conservent quelques sentimens d'honneur, fassent leur profession de foi ; qu'ils nous assurent que leur projet n'était point de ressusciter la révolution avec tous ses abominables accessoires, et nos bras leur sont ouverts... Mais aussi, que leur retour soit sincère ; car il est de ces *bassets* de la Fédération chargés d'aller flairer par-tout, qui n'ont arboré la moitié de la cocarde blanche, que pour tromper quelques amis du Roi qui ne les connaissent pas, et se réserver par ce manège honteux une part aux emplois. Ces loups déguisés en bergers sont plus dangereux que les loups dans leur véritable peau. On préfèrera toujours un Bonapartiste qui se montre tel qu'il est, à un de ces hommes qui n'acceptent le Royalisme que sous bénéfice d'inventaire : ce sont ces girouettes en place qui ont fait tourner la France à tous les vents.

Lorsqu'on se charge de dévoiler des forfaits, on doit le faire sans ménagement ; mais aussi il faut soigneusement éviter le reproche de censeur atrabilaire. En peignant les hommes, prenons leur bon comme leur mauvais côté, afin que le lecteur puisse reposer ses yeux fatigués de ne voir que des crimes, sur un trait de vertu qui l'intéresse.

Avant de faire imprimer la liste des principaux membres de la Fédération, M. Butignot qui en était le secrétaire, se rendit chez un chef de bataillon de la Garde nationale, à qui son dévouement pour l'auguste personne du plus chéri des princes, a valu l'honneur de devenir le jouet des Journaux de Buonaparte. Il l'avertit qu'il allait le porter sur l'honorable liste des Fédérés qui devait être affichée le lendemain. Le chef de bataillon s'y opposa formellement, et protesta que si on l'inscrivait, il réclamerait sur-le-champ. « Vous n'oserez jamais faire une semblable réclamation dans de telles circonstances, reprit l'astucieux Secrétaire. » « Eh bien, Monsieur, je vais écrire ma réclamation en votre présence, et elle paraîtra aussitôt que votre affiche, » répondit ce bon Français, à qui l'on n'a pas donné la décoration de la légion d'honneur en 1814, tandis qu'on l'a prodiguée à des correspondans de l'île d'Elbe, qui ont encore l'audace de la porter.

C'est alors qu'il y avait du courage à réclamer, et non pas deux mois après la nouvelle restauration, dans un long, lent, lourd, large article de Journal, où l'on trouve toutes les expressions de la Grève entassées avec *effusion de cœur*, et auquel il n'y avait rien à répondre, si ce n'est, qu'un auteur se peint dans ses ouvrages ; ou bien, pour se mettre à la portée de tout le monde : qu'*à l'œuvre on connaît l'ouvrier*.

Nous ne risquons plus rien, puisque l'individu dont il s'agit, *a si bien prouvé qu'il n'était pas Fédéré*. Voilà comme l'on s'attache soi-même *au pilori de l'opinion publique, quoique l'on soit élevé sur le piédestal d'une magistrature importante* : pour être attaché au pilori, il faut bien être élevé sur un piédestal quelconque.

Au lieu de sa tête dont il sait bien lui-même

que personne ne veut, que n'offrait-il aux orphelins, la fortune qu'il tient de ses *nobles aïeux* : ce serait le premier acte de justice qu'il eût fait dans sa vie, comme *protecteur-né des mineurs*. C'est alors qu'il aurait vu une foule d'honnêtes gens entrer en lice, pour faire rendre à chacun ce qui lui est dû ; mais il se fût bien gardé d'employer un tel moyen de conviction, il n'a pas vieilli dans le métier sans apprendre qu'on doit cacher avec grand soin l'endroit faible de sa cause : c'est pourtant bien là, que le bât le blesse à faire jeter les *hauts cris*.

C'en est trop sur un sujet si mince, nous n'avons jamais ambitionné la réputation de *petits écoliers dans l'art du persiflage*, quoique nous nous croyions capables d'en apprendre à de pareils maîtres. Méfiez-vous de ces gens qui blâment la satyre, avec tant d'âpreté, ils ne prouvent rien, si ce n'est qu'ils voudraient bien avoir le droit d'en faire eux-mêmes : pour cela, il faut être irréprochable.

Tout le monde a vu dans les Journaux du temps un trait de grandeur d'ame, que nous nous plaisons à rappeler encore : c'est la belle réclamation de M. le marquis de Keheléc, qui eut le courage de traiter de *calomnie* l'article du Moniteur qui osait lui attribuer une offre d'argent considérable faite à Buonaparte : voilà la noblesse Française.

Revenons aux Fédérés , nous touchons à la partie la plus importante de la tâche que nous nous sommes imposée.

Les Fédérés sont par-tout, il y en a dans les administrations civiles et judiciaires, il y en a dans l'armée, dans la noblesse, dans l'Eglise, il y en a jusques dans les deux Chambres!... La Fédération, sur-tout celle de Lyon, est en pleine activité de service : les Fédérés n'abandonnent aucune de leurs prétentions ; ils n'ont rien perdu de leur audace : ils marchent la tête levée dans nos rues ; leurs machinations continuent ; ils conspirent comme en 1814 ; ils obtiennent les mêmes succès dans toutes les petites villes et les campagnes de leur ressort : tâchons de signaler les moyens qu'ils employaient alors, et qu'ils emploient encore aujourd'hui.

Dans Lyon même, ils affectaient, comme ils affectent encore, une espèce de calme, parce qu'ils y étaient comme ils y sont encore environnés, sinon de la police, du moins d'une masse de citoyens fidèles, amis de l'ordre et de la paix, du trône et de l'autel : ils se bornent à des comités secrets, où ils préparent leurs expéditions dans les campagnes. Ils ont tenu asssemblée, le Dimanche 22 Octobre , le jour même que Lyon possédait dans ses murs le héros de la Drôme, l'époux de l'héroïne de Bordeaux. C'est de ce conciliabule qu'est parti le cri poussé le lundi soir sous les fenêtres de l'Archevêché : ils ont voulu faire les petits *Fouché* ; mais leur misérable émissaire n'a pas trouvé à Lyon, la même apathie qu'aux Tuileries. Les Lyonnais ne sont plus disposés à ne laisser faire à la police que ce qu'elle voudrait : ils se souviennent des fusillades, des mitraillades et de la guillotine en permanence : peu s'en est fallu que plusieurs ne les vissent ressusciter pour eux.

Il faisait beau voir le 28 juin, ce bon peuple Fédéré ne pas quitter la place des Terreaux, et attendre avec une si vive impatience, le résultat de l'ambassade des officiers de la garde nationale députés auprès du gouverneur, pour lui demander la tête de quelques royalistes vendus et livrés à la Fédération par des scélérats aux gages de Teste, qui s'étaient mêlés parmi eux, et qu'on y laissa jusque dans les prisons, pour leur arracher ce qu'on voulait savoir. Ces traîtres osent aujourd'hui se dire chasseurs d'Henri IV, parce que la cause du Roi triomphe.

Les députés de la Fédération parcourent les campagnes, ils y sèment tous les jours de nouvelles proclamations, ils continuent de menacer les paysans des dîmes, des droits féodaux et de la reprise des biens nationaux ; ce moyen n'est point usé, il produit au coutraire plus d'effet que jamais ; plus une chose est répétée, plus elle acquiert de consistance : ils ont si beau jeu avec les habitans des environs de Lyon, qui se sont montrés les plus féroces des révolutionnaires, en massacrant sans pitié les braves Lyonnais qui sortirent de la ville avec M. de Précy, à la fin du siége, et se firent jour au travers des hordes républicaines qu'ils avaient si souvent vaincues.

Il faut que le gouvernement prenne enfin une juste idée de toutes les campagnes et des petites villes du ressort de la Fédération de Lyon.

Le Dauphiné, la Bresse, le Beaujolais, le Mâconnais, le Charollais, le Bugey et une partie de la Bourgogne, sont armés des fusils qu'y ont abandonnés ou vendus les soldats fuyards, et toutes les gardes nationales mises en activité soit contre le duc d'Angoulême, soit contre les puissances étrangères.

A Vienne, à Romans, à Valence, à Bourg, à Thoissey, à Villefranche, à Beaujeu, à Tarare, à Mâcon, à Charolles, à Nantua, à Chalons, à Tournus, et dans tous les villages et hameaux qui environnent ces villes, on ne sait point encore si c'est Louis XVIII ou Buonaparte qui règne sur les Français. On crie vive l'Empereur jusques sur les grandes routes, on promène le drapeau tricolore, on arrache le drapeau blanc ; si le maire est royaliste, on pend *son chien*, parce qu'on n'ose pas le pendre lui-même.

Si au contraire, le maire n'est pas royaliste, et que sa commune le soit, il sévit contre les jeunes gens qui crient *vive le Roi*, et n'inflige aucune peine à ceux qui crient vive l'Empereur !.....

Que les Fédérés de Lyon sont heureux d'avoir un pareil ressort, où les autorités depuis l'huissier du juge-de-paix jusqu'au Maire, ne leur laissent presque rien à faire, ou les secondent avec une merveilleuse activité ; dans une terre aussi bien préparée, ils n'ont qu'à semer pour recueillir ; les maires, les adjoints, les percepteurs des contributions, lés juges-de-paix, leurs greffiers se chargent de la culture ; ils ont tant d'occasions de voir ces bons paysans qui ont un si grand intérêt à ajouter foi à leurs insinuations perfides ; le dimanche les églises sont vuides, les cabarets sont pleins, parce qu'ils sont devenus autant de Clubs, et le gouvernement paye tout cela jusqu'à nouvel ordre.

Il est une petite ville dans le département du Rhône, où l'on n'a pas encore renouvelé le conseil municipal ; c'est la même où un certain commissaire de police a fait un mal affreux à la cause des Bourbons, et en fait encore ; eh bien , il reste en place, sous prétexte que la ville lui doit 700 francs !!!

On juge quel effet doivent produire sur des hommes si bien administrés des proclamations de Buonaparte à la tête de 500,000 Turcs sous les murs de Bellegrade, du Roi de Rome, de Marie-Louise, de Murat, de Carnot, de Beau-harnais, la fin tragique du Comte d'Artois, la révolution qui s'est opérée à Paris lors de la chûte du ministère, le Roi gardé à vue par la garde nationale qui a refusé de faire son service, après s'être emparée des deux chambres, et les avoir dissoutes, quoiqu'elles ne fussent point encore assemblées.

Oh ! il fallait voir pendant les beaux jours qu'ont duré ces nouvelles, la jubilation et l'exaltation des Jacobins *de père en fils*. La France allait être partagée ; quel bonheur !!! On permettrait peut-être aux Fédérés d'égorger quelques royalistes qui aiment trop la patrie pour souffrir qu'elle devienne une province Autrichienne comme le duché de Parme, de Plaisance et de Guastala. O patriotisme des vrais patriotes ! O sublimes idées libérales !...

Ce sont-là les hautes conceptions des Fédé-rés, mais ces grandes combinaisons politiques ne sont pas à la portée de ce pauvre peuple souverain *pour qui le trône est fait, et qui n'est pas fait pour le trône.* Aussi les flambeaux de la Fédération, ces superbes dispensateurs des trônes et des dominations, daignent quelquefois s'abaisser jusqu'aux plus vils détails! Rien ne doit leur coûter pour ramener l'anarchie, ils y ont tant à gagner! Ils répandent que dans telle commune de tel département, une poule a fait un œuf *tricolore;* qu'une autre en a fait un sur lequel était parfaitement dessiné le plus bel aigle du monde. On a des certificats de ces faits, par les maires des communes où ils se sont passés; ils sont scellés du grand sceau de *l'oiseau* que l'on a soigneusement conservé : le moyen que l'aigle ne fût pas sur l'œuf; il est sur le certificat! ils savent interprêter jusqu'au chant des coqs, qui crient selon eux : *vive l'Empereur!*

Ils soutiennent qu'il existe une étoile tricolore; ils pourraient dire qu'elles le sont toutes; on sait que le scintillement des étoiles dans une belle nuit, lorsque le ciel est parfaitement serein, produit cet effet, comme les rayons de la lumière décomposés par le prisme des physiciens. Pourquoi ne disent-ils pas aussi que l'Arc-en-ciel est une écharpe tricolore : celle-là en vaudrait bien une autre.

O vulgaire imbécile, on est allé jusqu'à te dire que Buonaparte revenait à cheval sur *la queue d'une comète :* s'il avait possédé un semblable moyen de voyager, il avait une belle occasion d'en user à Rochefort, au lieu de se rendre, les larmes aux yeux, sur le Bellorophon.

Les Fédérés emploient d'autres moyens bien plus infâmes : ils ont toujours crié contre le fanatisme et la superstition : les scélérats, quel usage ils osent en faire maintenant !....

Croirait-on qu'ils s'emparent des choses les plus sacrées de la religion, pour accréditer leurs absurdités ? Buonaparte est le fils de l'homme ; Moscow, Leipsik et Waterloo, ont été sa passion ; le jour de sa résurrection approche ; et pour le prouver, on fait tourner sur l'évangile une clef qui doit tomber ou ne pas tomber, et qu'on sait lâcher ou retenir avec une parfaite dextérité, suivant l'exigence du cas.

Les prophéties modernes ont parlé du roi de Rome, et pour qu'on n'en doute pas, on va fouiller de vieux grimoires, on en extrait des extravagances bien absurdes, bien entortillées, bien incompréhensibles ; on assaisonne tout cela d'un certain nombre de verbes au futur, et de quelques fausses dates : l'on en fait l'horoscope de la France, qui finit toujours par ces mots : *une longue paix s'ensuivra.*

On rirait comme les dieux d'Homère de ces fables ridicules, si l'on ne savait pas quels en ont été les funestes résultats.

C'est ainsi que les Fédérés fanatisent des

hommes imbécilles , ou de mauvaise foi , et de vieilles sybilles qu'ils appellent ensuite inspirées , et chargent d'en inspirer d'autres.

Toutes ces platitudes prouveraient seulement la bêtise du peuple *souverain*, si l'on ne se souvenait pas qu'on lui a fait invoquer la *sainte* guillotine, que Robespierre lui a décrété l'*immortalité de l'ame*, et lui a fait adorer la *raison* représentée par une *prostituée*.

Les Fédérés connaissent trop bien le cœur de leurs proselytes pour s'en tenir-là : ils déclament contre les prêtres, les nobles et les Bourbons ; ils les appellent des restes de la barbarie dépourvus d'idées libérales, et eux, de quoi sont-ils les restes, à quoi reconnaîtrat-on leur libéralité? à leurs rapines.

Ils disent que Louis XVIII n'est revenu que pour une caste privilégiée ; et Buonaparte, pour qui était-il revenu? pour des hommes qui ont mérité d'être roués vifs par leurs forfaits, pour des voltigeurs de Robespierre.

Nous allons faire connaître le plus grand ressort que fassent jouer les Fédérés : ils n'oublient jamais de faire remarquer aux paysans que MM. tels et tels qui sont nobles , n'ont point émigré, et ont conservé leurs châteaux avec 6o,ooo livres de rente , que ce morceau bien partagé à tout le village soulagerait beaucoup les pauvres habitans chargés de famille et de réquisitions, et qu'il ne faudrait qu'une petite révolution, pour leur livrer tout ce bien qui sert aux plaisirs d'un seul individu. Comme les oreilles d'un paysan de l'arrondissement de la Fédération Lyonnaise, doivent se dresser, lorsqu'il s'entend faire de pareilles propositions ; c'est ce qu'ils appelaient assez plaisamment, il y a trois mois, faire *l'égalité.*

La loi agraire fut toujours le grand cheval de bataille des artisans de révolution; et le malheureux peuple dont ils se servent pour arriver à leurs fins, ne voit pas que ce n'est jamais pour lui, mais toujours pour eux seuls qu'ils demandent ces châteaux et ces champs; qu'ils ne crient si fort contre les nobles et les riches, que pour avoir leurs biens, et se mettre à leur place.

Les Fédérés ne pourront pas le nier, ils ont publiquement excité le peuple au pillage des châteaux, à la profanation des églises, au massacre des prêtres et des nobles (et tous les royalistes sont nobles à leurs yeux, sur-tout quand ils sont riches). Cette provocation a été non seulement dans leurs bouches, mais encore dans leurs écrits; un journal de Lyon, du mois de mai, contient une diatribe infâme contre les prêtres, un autre indique les châteaux, et les maisons apparentes comme des arsenaux secrets, et des foyers de conspiration : on a fait faire des visites jusque dans les sacristies, sous le prétexte qu'il y avait des fusils cachés, on a fouillé, à la campagne jusque dans les caves des citoyens fidèles ; on prétendait y trouver des parcs d'artillerie : on ne pouvait inviter avec plus d'astuce à massacrer, piller et brûler; mais cette invitation est venue heureusement trop tard, comme tout le reste ; la plupart des mauvais sujets capables d'éxécuter les ordres des Fédérés, étaient déjà sous les drapeaux de Buonaparte, ou dans les corps *francs*.

Les Fédérés spéculent jusque sur la dureté du cœur de quelques paysans sanguinaires et intéressés; ils vont jusqu'à leur dire : maintenant que Buonaparte ne règne plus, que la conscription, *la traite des blancs* est abolie, que ferez-vous de vos enfans? Vous ne pourrez plus comme alors faire commerce de vos fils, ainsi que les africains. Encore les africains sont-ils plus excusables, en véndant leurs enfans, ils croient peut-être leur procurer un meilleur sort, ou du moins ils ignorent ce qu'ils deviendront; mais les paysans français les vendaient comme leurs bestiaux, pour les envoyer à la boucherie : et pour comble de barbarie, ils employaient un reste de puissance paternelle à se faire donner des pouvoirs par ces malheureuses victimes de leur cupidité , afin de ne pas attendre leur mort, pour s'emparer du prix de leur vie ! ! ! ....

L'imagination se refuse à retracer plus long-temps de semblables tableaux.

Voilà les Fédérés tels qu'ils sont, et tels qu'ils seront toujours.

De pareils hommes se sont trop avancés , pour revenir jamais sur leurs pas ; ce n'est que dans une nouvelle révolution qu'ils pourraient trouver la justification de tant de crimes inutiles.

Il ne reste donc plus qu'à prendre des mesures pour arrêter leurs complots, ce n'est que lorsqu'ils trembleront sous le joug d'une législation sévère, et que tout sera perdu pour eux, que la France sera sauvée, comme l'a dit éloquemment M. de Cazes.

Qui devait sauver la France , et la purger de ces monstres qui nous ont prouvé en 1793 , qu'on pouvait trouver des milliers de Nérons , pour en peupler les déserts de la Sibérie, d'où ils n'auraient peut-être pas révolutionné les lapons ? Les Alliés.

Que l'imagination de tout bon Français s'effraie en pensant que si le ministère dont le Roi était environné , eût été renversé deux mois plus tard, la plus cruelle expérience était entièrement perdue , et que la seconde restauration n'aurait été que la plus passagère et la plus fatale des illusions, comme la première !

Nous allions subir le sort de ce malade, qui, trompé par une fausse convalescence, abandonne trop tôt son lit de douleurs, éprouve une rechûte, et ne se relève plus.

Qu'ont fait les Alliés, pour sauver la France ? Ils ont levé des contributions de guerre ; ils se sont emparés de notre matériel, de nos arsenaux, de nos chefs-d'œuvre, de nos ressources : on peut même citer des gouverneurs de villes qui se sont montrés plus accessibles aux Fédérés qu'aux vrais Français.

On parlait à leur arrivée d'une *cour européenne* permanente qui devait juger et punir tous les adhérens de Buonaparte : elle a bien été établie, mais pour discuter la ruine de la France entière ; et si elle n'eût pas été dominée par le plus magnanime des Alexandres, si l'on n'eût pas redouté la valeur de ses légions, on ne saurait plus quel nom donner aux Alliés.

Le génie de l'Empereur de Russie avait sondé la profondeur de nos blessures : ce grand homme avait dit : la France est bien malade, mais je veux la guérir. Fouché, Taleyrand, et d'autres qu'il n'est pas temps de nommer, l'en ont empêché. Il n'y avait pourtant aucun intérêt lui-même, Moscou nous a prouvé que nos dissensions ne sauraient plus l'atteindre.

Les autres Souverains s'imaginent-ils que si les Fédérés est les Jacobins ressaisissaient en France les rênes du gouvernement, ils ne recommenceraient pas la guerre contre tous les potentats de l'Europe, pour se mettre à leur place : voilà ce qu'ils appellent le grand-œuvre de la révolution française ; le secret de la monarchie universelle est maintenant dévoilé. Lorsque Buonaparte et ses adhérens ont envahi un pays, ils ont toujours commencé par le révolutionner, en y prêchant le mépris du trône et de l'autel.

Les alliés se croient peut-être trop forts à présent, ils n'auraient qu'à se diviser : François II. et Frédéric-Guillaume ont-ils oublié que peu s'en n'est fallu qu'ils n'éprouvassent le sort de l'Espagne et des deux Siciles ? ils ont peut-être déjà dans leurs cours des Fédérés qui convoitent leurs couronnes.

S'abuserait-on au point de croire que c'est pour notre sûreté intérieure, que la plupart des puissances étrangères laissent des troupes en France ? c'est pour la leur, ou pour être plus à portée de profiter de nos dissensions domestiques, qu'elles se plaisent à entretenir. Elles nous l'ont prouvé à n'en pas douter. Qui sait si elles ne se sont pas donné le mot, pour nous envahir une troisième fois, achever de nous ruiner, et nous partager ensuite ? Sans le plus grand des Empereurs, cela serait peut-être déjà fait.

La France n'a véritablement que deux Alliés : la Russie et l'Espagne ; que l'on remarque bien que ce sont les deux seules puissances qui n'aient jamais fléchi sous le despotisme de Buonaparte, ou qui n'aient pas imité son machiavélisme. Aussi pourraient-elles compter sur le dévouement des Français, comme sur celui de leurs propres soldats, si elles donnaient jamais le signal des combats.

Quel est le royaliste qui refuserait de combattre sous le plus grand royaliste du monde, sous ce héros magnanime qui a su s'approprier toute la gloire de la coalition, parce que sa grande ame a bien senti que des bienfaiteurs, ou des libérateurs, qui se payent à mains armées de leurs bienfaits, ou de la liberté qu'ils devraient donner, ne peuvent exciter qu'un sentiment tout-à-fait opposé à la reconnaissance ?

Les Russes n'ont point chez eux de Napoléon II, ni de Marie-Louise ; plût à Dieu qu'ils y fussent, ou chez les Espagnols ! Les Russes ont bien offert un asyle aux Fédérés, mais dans les déserts de la Sibérie. Les Russes sont tous aussi royalistes que leur Empereur. Honneur à ces braves guerriers, qui disent en criant vive le Roi : nous l'aimons presqu'autant que notre Alexandre ; pourtant il est notre Henri IV !....

Malheur à ces hommes pervers qui, après avoir déclaré qu'ils venaient faire la guerre à Buonaparte et à ses adhérens , se sont montrés bonapartistes dans toute la force de l'expression : ils ont amassé sur leurs têtes la haine et la vengeance d'un peuple dont ils pouvaient devenir les idoles.

La postérité se croira transportée dans un autre monde , quand elle lira l'histoire de l'Espagne, dans ce siècle où tous les extrêmes semblent réunis.

Un monstre enfanté par une révolution sans exemple, étant devenu maître de la France, de la Hollande , de l'Italie, et d'une partie de l'Allemagne, déploie toute la noirceur de son génie, contre l'Espagne. En pleine paix avec elle, il dispose de ses armées, de ses trésors, de son territoire, de ses arsenaux , de ses vaisseaux, parce que des traîtres à ses gages lui livrent tout cela : il fait traverser l'Europe du midi au nord par l'élite des soldats Espagnols, qu'il remplace par les siens ; le souverain est un Bourbon, il veut le détrôner ; il attire le père et le fils dans un piége, sous prétexte de terminer des différens qu'il a fait naître : ils sont ses prisonniers. Le peuple de Madrid les redemande à grands cris ; on y répond par une affreuse mitraillade ; l'auteur de l'assassinat de quinze mille Espagnols désarmés, reçoit en récompense la couronne d'un Bourbon : le ciel lui en réservait une autre.....

Le tyran croit le moment décisif, il se précipite alors sur ce peuple fidèle, comme un tigre altéré de sang ; il lance sur ces malheureux royalistes désarmés, ses bandes de satellites, aveugles instrumens de ses volontés ; on porte par-tout le fer et le feu ; les champs sont inondés de sang, les toits embrâsés, les enfans écrasés sous les pieds des chevaux, les femmes violées et massacrées, les ministres de la religion immolés sur les autels profanés. Le désespoir donne des armes aux Espagnols : les Rosaires deviennent des baudriers, les Frocs des uniformes, les Moines des héros ; sept ans ils résistent à ce conquérant fameux, à qui il n'a fallu que deux mois pour forcer un successeur des Césars à lui donner sa fille. Les Espagnols sont tour-à-tour vainqueurs, vaincus, jamais découragés. La plus simple habitation se transforme en forteresse ; les haies deviennent des remparts ; la France s'épuise sans les épuiser ; leur roi est dans les fers, ils combattent et meurent pour lui.

Buonaparte avec sa forfanterie accoutumée, dit que la guerre d'Espagne finira par un coup de tonnerre; il craint ce coup pour sa propre tête; il n'ose plus retourner en Espagne, mais il n'échappera pas aux décrets éternels qui l'entraînent au fond de la Russie; les foudres du ciel ont grondé, et l'échafaudage de sa gloire est renversé!...... Une nuit engloutit ses soldats dans les gouffres de l'éternité.... Il apprend qu'il est plus facile de lasser la fortune, que le courage des Espagnols.

Son ouvrage n'est pourtant pas entièrement détruit: il peut encore se réjouir avec ses complices: il a fait à l'Espagne un mal moral mille fois plus cruel que tous ces maux physiques. Il lui a laissé le virus de la révolution française, en échange de ses trésors. Il s'est conduit envers elle comme un scélérat, qui après avoir percé de plusieurs coups de poignard le cœur de son ami, verse encore sur ses blessures le plus subtil des poisons, afin que si les coups du fer ne sont pas mortels, ils le deviennent par la force du venin.

Telle fut la conduite de Buonaparte et de ses adhérens envers l'Espagne; comment s'en est-elle vengée?

Elle a distingué le Roi et la nation de Buonaparte et des Fédérés; une armée de 60,000 Espagnols est venue s'offrir au duc d'Angoulême, pour combattre sous ses ordres, la révolution et les révolutionnaires. Le héros de la Drôme a jugé ce secours inutile : les braves de Talavera et de Salamanque ont reçu ordre de se retirer : à la voix d'un Bourbon, de l'ami intime et du parent de leur souverain, ils ont obéi aux cris de *vive le Roi !....*

Poursuis, Ferdinand VII, prince magnanime, il n'y a que toi qui fasses franchement la guerre à la révolution ; tu as su profiter des leçons de l'adversité ; tu peux te faire gloire de n'avoir *rien oublié, ni rien appris* de ces novateurs insolens, qui voulaient t'imposer des lois. A tes premiers pas dans la carrière des monarques, c'est à toi qu'était réservé l'honneur d'apprendre à tes voisins, à régner sur un peuple rebelle.

La clémence dans un souverain mal affermi, passe pour de la faiblesse ; et la faiblesse des souverains fut de tous temps le symptôme le plus certain de la décadence des empires.

Auguste n'eût pas fait grâce à Cinna au commencement de son règne ; il fit au contraire trancher la tête à Cicéron.

Il faut imiter Pierre premier, pour soumettre des rebelles ; ce grand homme, revenu de ses voyages, apprit que 20,000 Strélitz, qui devaient être les plus fermes appuis de son trône, avaient essayé d'en saper les fondemens ; ces vingt mille traîtres périrent en un jour.

Qui ne sait pas punir, ne sut jamais régner.

La plus belle prérogative de Dieu, est sa justice ; il n'est Dieu que parce qu'il peut récompenser et punir.

Sur la terre un monarque est l'image de l'Etre-Suprême ; il devient comptable envers lui des crimes qu'il laisse commettre par sa faiblesse ; il vaudrait mieux qu'il mourût victime de sa sévérité, que d'une lâche pusillanimité : il mourrait au moins en faisant son devoir : voilà ce que les peuples ont le droit d'exiger des rois.

Le trésor des miséricordes du Tout-Puissant est aussi inépuisable que sa justice, mais il existe pour des coupables vraiment repentans, et non pour des Antiochus.

Le crime impuni finit par insulter à la vertu qui pardonne, parce qu'il la croit impuissante : on a vu des scélérats défier et blasphêmer le ciel, parce qu'il ne les écrasait pas de ses foudres !....

Tout homme qui osera nier la vérité de ces principes, est un anarchiste, un ennemi de l'ordre et de la paix, du trône et de l'autel.

Pourquoi 20,000 Espagnols, commandés par le brave Castanos, ne viendraient-ils pas remplacer en France 20,000 ennemis, commandés par un général d'anti-chambre ?

On ne pourrait pas appeler ceux-là des spéculateurs, qui, au lieu de retourner dans leur pays avec la franchise des Russes, ne cessent de faire des marches, des contre-marches, et de parcourir la France dans tous les sens, pour l'épuiser davantage. Les Espagnols n'avaient aucuns projets ambitieux; ils ne se sont point agrandis aux dépens de la France, ils ne sont pas venus se gorger de notre or, pour réparer leurs pertes, ou le vide de leurs finances, sous prétexte de nous ramener notre Roi; les Espagnols sont nos frères, nos amis; ce sont les *Vendéens* de la coalition : ils connaissent le malheur, et savent y compatir.

Mais ce n'est plus par les baïonnettes étrangères qu'il faut prétendre régner sur la France, c'est par les baïonnettes françaises. Il n'est pas temps encore de parler du repos de la garde Nationale, il faut la doubler au contraire. Si le gouvernement veut, dans trois mois la France ne sera qu'une Vendée, tous les bons citoyens ne formeront plus qu'une armée royale et catholique, qui fera la haute-police de Louis XVIII, aux cris de vive le Roi, sous les ordres du duc d'Angoulême, mieux encore que tous les satellites mercenaires de Buonaparte ne faisaient la sienne. Que l'on nomme le vainqueur de la Drôme Colonel-Général de tous les royalistes de France : on ne pourra pas douter du dévouement de celui-là.

L'union fait la force, les Royalistes manquent d'union ; ils ne profitent pas même de l'exemple que leur en ont donné les révolutionnaires ; n'ont-ils pas autant de moyens qu'eux de former des réunions, des associations, sous la protection des Autorités ? Pourquoi ne le font-ils pas ? Veulent-ils toujours mériter le reproche de manquer d'énergie ? Attendent-ils la guillotine pour en montrer ? La résignation de la vertu expirante, n'empêche pas le triomphe du crime.

Qu'il devienne de bon ton dans la société d'avoir le sabre au côté, et de voir des fusils dans le coin des salons. Alors les Dames françaises verront consolider par les baïonnettes de leurs époux et de leurs fils, cette contre-révolution qu'un Bory-Saint-Vincent attribue à leurs *mouchoirs de poche*. Comment l'illustre député n'a-t-il pas senti que ce trait de son amplification suffisait pour prouver la spontanéité de la restauration. Que n'était-il à Waterloo ce colonel si brave à la tribune, qui a tout l'air de ne connaître que les triomphes du métier : là, il aurait vu autre chose que des mouchoirs de poche.

C'est par de semblables mesures qu'on sauve les empires : si Buonaparte eût été chéri des Français, comme les Bourbons, ce moyen l'aurait fait triompher ; il eût dicté la paix aux coalisés, ou il les aurait forcés à quitter la France, comme les sujets de Ferdinand VII, l'avaient forcé d'abandonner l'Espagne.

Un parti ne peut sans crime écraser un autre parti, qu'en le désarmant : tout autre triomphe rend mauvaise la meilleure des causes. Des hommes qui se disent Royalistes en versant le sang de leurs concitoyens, sont des Jacobins *blancs*, comme les voltigeurs de Robespierre étaient des Jacobins tricolores. Il faut que toute justice émane du trône : ce sont des mesures de sûreté et de tranquillité publique qu'il nous faut, et non des massacres et des vols à mains armées, exécutés par des vagabonds. Notre triomphe ne sera complet, que lorsqu'on pourra dire qu'il n'y a plus en France qu'un parti, et que tout le monde y sera royaliste, ou forcé de l'être ou de le paraître : quand nous serons calmes au dedans, nous ne craindrons aucun ennemi au dehors, sur-tout avec l'amitié de la Russie et de l'Espagne.

Mais, pour profiter d'un pareil dévouement, il faut aussi que le Gouvernement se dévoue, et suive l'impulsion de cette immortelle réunion de Députés qui égale les derniers états-généraux par les talens qu'on y voit briller, et qui les surpasse en imposant silence aux factieux qui ont osé faire vérifier leurs pouvoirs , par sa volonté bien prononcée de sauver la patrie. Sans le secours du Gouvernement, l'honnête homme est forcé de gémir de tout ce qu'il voit , sans pouvoir l'empêcher, et d'attendre avec le courage du désespoir le coup qu'un Fédéré destine d'avance pour sa tête , ou d'abandonner pour toujours une monarchie qui dans sa chute, l'entraînerait avec elle.

Que l'on désarme donc jusques aux soldats factieux ; dans un an, ils demanderont du pain à genoux à ce Roi qu'ils outragent par leurs blasphêmes. Qu'on ne mette plus à recomposer l'armée une fatale précipitation ; que la commission d'examen de la conduite des officiers , ne devienne pas la plus nulle de toutes les commissions. Une place d'officier est devenue une place importante , depuis qu'un colonel a détrôné Louis XVIII , en livrant la France à Buonaparte et aux puissances étrangères.

La régénération du ministère doit s'étendre à toutes les autres administrations : il nous faut un gouvernement vierge, pour effacer toutes nos souillures.

Ce serait une grande erreur de croire, quand on n'aurait pas la preuve du contraire, qu'un homme de la révolution puisse servir le Roi avec dévouement ; on ne peut être dévoué qu'à ce que l'on aime, ou que l'on a aimé : comment les auteurs ou les amis de la révolution pourraient-ils s'empêcher de trahir pour elle Louis XVIII et sa famille, qui sont venus l'anéantir ? Comment ces hommes de 93 ou de 1815 (car la révolution doit avoir désormais ces deux époques), pourraient-ils destituer, ou même menacer un subalterne prévaricateur qui peut leur dire : mon crime ne fut-il pas le vôtre ? N'avez-vous pas changé de sentimens que pour la forme, le fond n'est-il pas toujours le même ? N'êtes-vous pas une de ces girouettes qui ne résistent jamais à la force du vent ?

Un homme qui a fait un pas dans le sentier de la révolution, à la face de toute l'Europe, ne peut plus s'arrêter ; s'il feint de revenir sur ce premier pas, ce n'est qu'afin de tromper celui qui l'observait, ou de se plier aux circonstances et d'attendre un moment plus favorable pour continuer sa marche : voilà l'histoire de tous les hommes de 1793, ou de 1815, à qui l'on conserve encore des places sous divers prétextes.

Qu'on ne soit pas étonné de ne trouver dans les révolutionnaires si énergiques et si persévérant dans le crime, aucun caractère et aucune tenue politiques, c'est parce qu'ils n'ont aucune espèce de morale ; ils accepteront des places de Louis XVIII, comme de Robespierre et de Buonaparte : tout leur est bon , pourvu que ce soit lucratif : en acceptant des emplois, ils ne font point d'infidélité au cher objet de leurs affections, à la révolution : au contraire , ils deviennent plus capables de la servir que jamais.

Aussi les voit-on partir pour Paris même après leur destitution ; rien ne les arrête, ils mourront en rampant et en demandant des places ; sont-ils rebutés, ils répondent comme cet homme de l'antiquité : *frappe, mais écoute.* Sont-ils éconduits, ils écrivent à leurs familles de leur procurer des certificats de la noblesse de leur province, à qui ils promettent aide et protection en cas que nous rentrions sous l'empire de la Fédération. Voilà ce qui doit faire suspendre toute investiture royale et toute inamovibilité jusqu'à la prochaine session.

Pourra-t-on croire qu'un commissaire de police qui a broyé sous ses pieds à Lyon, dans un salon public de figures, le buste de Louis XVI et de Louis XVII, vient d'obtenir une place à Paris, parce qu'un de ses ci-devant agens est devenu le factotum d'un homme en faveur ? c'était pourtant le plus dangereux de tous les sbires de Buonaparte et de la Fédération : à son passage à Lyon, Bertrand le chargea de la police pendant tout le séjour de son maître ; il les suivit à Paris ; il a même trempé dans un complot bien plus criminel, et l'on en donnerait des preuves, si l'on pouvait éprouver pour lui un autre sentiment que le plus souverain mépris.

Les révolutionnaires qui ont refusé des emplois sous la dernière usurpation, n'en ont agi ainsi, que parce qu'ils ont eu la vue plus étendue que les autres, et qu'ils ont bien senti que Buonaparte ne pouvait plus faire ce qu'il avait fait, que ses défaites avaient révélé le secret de sa tactique, et son ignorance en stratégie.

Un général qui n'a pas commencé sa retraite à la lueur même des flammes de Moscou, ne peut plus passer pour un grand capitaine. Il fallait avoir une ame aussi esclave des circonstances que celle de Buonaparte, pour ne pas reconnaître dans cet effort sublime du génie national Russe, la répétition du douloureux sacrifice d'Agamemnon, pour se rendre les vents favorables.

C'est pourtant la même faute que celle de l'année dernière qui a failli perdre encore, sans retour, le Roi et toute la France avec lui.

Il ne faut plus que les destinées d'un grand peuple dépendent d'une poignée d'individus promus au ministère par l'intrigue et la bassesse, qu'il plairait à un Souverain faible jusques dans ses actes de sévérité, de conserver auprès de sa personne, même après leurs disgraces.

Il ne faut plus, qu'en bégayant quelques mots d'excuse, des traîtres redeviennent des citoyens fidèles: ils sont trop dangereux par leur immoralité. Ils savent trop bien ramper sous des nobles

qui croient avoir déjà ressaisi le sceptre de l'intrigue, quand ils en ont besoin : car lorsqu'ils
ont réussi, ils s'enhardissent par degré, et
bientôt en oracle on érige leur voix. C'est alors
qu'ils insultent par des éclats de rire, et leur
ton de hauteur, ces ambitieux nuls par eux-
mêmes, qui espéraient parvenir en se faisant
leurs protecteurs, et en leur délivrant des certificats de royalisme ; un ministre devrait expé-
dier une démission au bas d'une pareille attes-
tation: il n'y a qu'un fripon qui ait besoin d'être
certifié honnête homme.

Il ne faut plus que le Gouvernement laisse
creuser le tombeau du Roi et de la France, par les
mêmes mains qui préparèrent les fosses des
victimes de Septembre, de Marie-Antoinette
et de Louis XVI !

Il ne faut plus que le Gouvernement royal soit
à la providence des traîtres, et laisse gémir dans
l'oubli les serviteurs fidèles, qui n'ont ambitionné que la gloire de mourir pour leur Roi à
leurs propres frais.

L'ingratitude est le plus odieux de tous les
vices ; les ingrats se font des ennemis de leurs
meilleurs amis ; dans l'adversité, ils ne peuvent attribuer qu'à eux-mêmes l'abandon où
ils se trouvent, ils ont perdu jusqu'au droit de
se plaindre.

Il ne faut plus que les compagnons d'armes

du duc d'Angoulême, des d'Ambrugeac, des la Rochejaquelin, des la Rochefoucault aient en vain combattu pour le Roi et pour la France contre l'usurpateur.

Il ne faut plus qu'on fasse juger des traîtres par des traîtres ; en se récusant , ils n'ont fait que se rendre justice.

Qu'on ne s'imagine pas que ce soit par amour pour le maréchal Ney , que les Fédérés voudraient qu'il fût absout ; au contraire , ils le méprisent et l'abhorrent ; ils l'accusent d'avoir trahi Napoléon sur le champ de bataille de Waterloo , et d'avoir porté un coup funeste à leur cause, comme à celle du Roi , en donnant un démenti à Davoust à la chambre des Pairs de Buonaparte , dont plusieurs membres font encore partie de celle de Louis XVIII , malgré ses ordonnances : ils répandirent même dans le temps que le peuple avait massacré Ney au sortir de l'assemblée ; mais tout acte du Gouvernement royal qui démontre son impuissance, est pour eux un triomphe qui réveille leur audace et leurs espérances.

Ce qui le prouve mieux encore, c'est la manière dont ils interprètent les tentatives que l'on a faites pour enlever le maréchal ; ils osent les attribuer au Gouvernement royal, qui , à les en croire, ne demande pas mieux qu'on arrache de ses mains les grands coupables , parce qu'il ne se sent pas la force de les punir.

Ils ne connaissaient pas encore le grand homme qui a remplacé Taleyrand ; ils le connaissent maintenant , et ils commencent à trembler.

Le plus magnanime des vainqueurs a dit à Richelieu en lui faisant ses adieux : « Vous » m'abandonnez pour sauver votre patrie , » j'aime les Français autant que mes propres » sujets ; je vous laisse parmi eux : après les » Bourbons , c'est le plus beau présent que je » puisse leur faire. »

Honneur au patriotisme de ce grand ministre qui a préféré aux faveurs , à l'intimité d'un si puissant monarque , à des revenus immenses , à un pouvoir sans limites, dans un pays dont il augmentait la prospérité par son génie , la tâche pénible , mais glorieuse de sauver la France sa patrie. C'est lui qui recommence l'histoire de cette Noblesse française qui prodiguait son sang et son or pour la France et pour son Roi.

Il ne suffisait pas à sa belle ame d'avoir accompli le vœu de Pierre-le-Grand , qui aurait voulu donner à l'un de ses ancêtres , la moitié de son empire, pour qu'il lui apprît à gouverner l'autre.

Voilà les hommes que la France en convulsion avait rejetés de son sein, pour des *Ney*, des *Lavalette*, des *Grouchy*, des *Masséna*, des *Fouché* , dont certains alliés lui ont fait rembourser, à mains armées, les fortunes scandaleuses, par *respect* pour les propriétés particulières, ou parce qu'ils auraient craint de nous faire trop de bien , en punissant de pareils hommes.

Richelieu, Vaublanc, Feltre, c'est de vous que nous attendons notre salut ; nous ne pouvons périr avec un Richelieu et deux *Sully*.

Il ne faut plus qu'un conseil de guerre s'assemble pour juger un colonel, dont le crime est d'avoir levé une légion pour le Roi, pendant qu'un *Ney* joue aux échecs dans sa prison, en attendant la chute d'un Gouvernement que préparent ses amis et ses largesses.

Il ne faut plus qu'un ministère de traîtres, non content de rester en faveur après sa disgrace, se fasse encore prodiguer l'encens d'un Garde-des-Sceaux, dans une circulaire publique , sur ses *hautes lumières et la haute confiance qu'avait en lui Sa Majesté.* Pourquoi n'a-t-on pas mis en jugement tous les membres du dernier ministère, conformément à l'article de la Charte constitutionnelle sur la responsabilité des ministres ?

Jusques à quand ne veut-on voir dans la Charte de LOUIS - LE - DÉSIRÉ, qu'une arme contre son autorité royale ? il faut que cette transaction politique qu'il a faite avec son peuple, soit exécutée pour lui-même, aussi fidèlement que contre lui, ou qu'elle ne le soit pas du tout.

Il faut que le meilleur des Rois, qu'on a forcé à devenir aussi le plus juste, réponde comme Charles II aux traîtres qui venaient lui demander l'oubli du passé : « Je vous entends, vous » voulez que j'oublie tout le mal que m'ont fait » mes ennemis, et tout le bien que m'ont fait » mes amis. »

Il a pu le promettre en 1814, il ne peut plus tenir sa promesse en 1815, sans se perdre encore une fois, et celle-ci serait la dernière.

La trahison ne l'avait-elle pas affranchi de toutes les obligations qu'il avait contractées, et qu'il remplit encore aujourd'hui ? N'a-t-il pas déjà trop fait pour des traîtres, en se liant encore les bras par cette Charte si libérale, fruit des méditations d'un père, qui, par excès de tendresse pour ses enfans, en publiant une amnistie pour leurs fautes passées, semble l'étendre même aux fautes à venir, mais qui ne pense pas qu'il doive prévoir des crimes, et sur-tout que sa bonté puisse en être la seule cause ?

Les bienfaits peuvent s'oublier, mais il faut être des monstres d'ingratitude, pour y répondre par des attentats.

Il faut que Louis XVIII se mette enfin à la tête d'un parti, qui ne demande qu'à le servir, et qu'il attache de nouvelles créatures à son char.

Il faut que toutes les nominations ne soient que provisoires.

Il faut que tout homme en place soit tellement attaché à la cause de son Roi par ses œuvres passées et présentes, qu'il se dise à chaque instant du jour, mon propre intérêt exige que je fasse mon devoir, si le Roi tombe, je tombe avec lui.

Il ne faut pas qu'une fonction publique fasse refuser des armes : qui est-ce qui doit défendre le gouvernement, si ce n'est l'homme qu'il paye? Lors que la tranquillité publique est ménacée, l'uniforme du soldat doit remplacer la toge du conseiller : il y avait des présidens, dans l'armée du Duc d'Angoulême : voilà des certificats de royalisme. Sept mille Lyonnais tirés des classes les plus estimables de la société, armés en 1793, ont donné la loi à une populace de 100,000 ames au-dedans, et ont soutenu au-dehors un siége de deux mois contre 30,000 républicains : tout Français sous les armes a l'ame d'un héros.

Il faut prendre Buonaparte pour modèle il fit trembler tous les partis, parce qu'il sut armer le sien.

La tranquillité intérieure n'était pour lui qu'un jeu d'enfant, tout son génie administratif, toute la force de son gouvernement étaient dans la pratique de cette maxime toujours présente à sa pensée : *le plus dévoué est aussi le plus habile*. Séide lui avait révélé le secret des conquêtes de Mahomet : s'il avait eu la moitié du génie du prophète, il l'aurait surpassé, à cause de l'immensité de ses ressources et de l'héroïsme des Français.

Buonaparte enrégimentait tous ses employés, tous ses administrateurs, il voulait qu'on mourût sur sa chaise curule : quel Monarque a plus besoin d'enrégimenter ses amis, que Louis XVIII ! .....

Il ne faut pas que les vrais royalistes redoutent plus le gouvernement royal que des Fédérés *certifiés* royalistes par des amis tout-puissants.

Il faut que les écrivains, au lieu d'être des flagorneurs à gages, fassent au gouvernement un tableau de la France telle qu'elle est.

Il faut qu'ils prennent pour modèle ce paysan du Danube que La Fontaine nous a peint tel qu'il sortit des forêts de la Germanie, et dont il nous a reproduit l'éloquence austère dans son discours aux sénateurs Romains. Que craignent-ils ? Les prisons d'état, les administrateurs subalternes : qu'ils se taisent donc tout à-fait.

Bory-Saint-Vincent a bien osé mettre au jour

une brochure qui n'est que le cloaque impur de tous les immondices sortis de la bouche et de la plume des Fédérés pendant le nouvel exil du Roi : pour se justifier du crime de trahison, il dit que le Roi s'est trahi lui-même. Bory-Saint-Vincent est en pleine liberté : le gouvernement n'est pas assez ennemi de lui-même, pour traiter ses amis plus sévèrement que ses ennemis ; un homme qui a voulu être persécuté et mourir pour le Roi, a-t-il quelque chose à craindre, sur-tout lorsqu'il peut avoir des protecteurs tels que des Richelieu, des Vaublanc, des Feltre, et la chambre des Députés ?

Pourquoi les Chateaubriant, les Lally-Tolendal n'écrivent-ils plus, et laissent-ils sans réponse un Carnot, un Lanjuinais, un Bory-Saint-Vincent, un Fouché, veulent-ils mériter de la postérité ce reproche sanglant :

Leur génie endormi laissa périr la France.

Le temps de la clémence est passé, les demi-mesures font plus de mal qu'une entière tolérance ; il faut éteindre le mal, avant de songer à la convalescence du malade.

Il faut destituer et priver de leurs pensions tous ces hommes qui ont constamment pris pour règle de leur conduite, ce principe de toute immoralité : *La raison du plus fort est toujours la meilleure*. On ne les vit jamais résister à aucune tempête, ils ont survécu à tous nos naufrages politiques ; ils ne tiennent qu'aux emplois qu'ils occupent ou plutôt aux émolumens qui y sont attachés.

Qu'on destitue toutes les girouettes possibles nous n'en voulons plus, les Français ne doivent plus élever leurs enfans dans la crainte de les voir massacrer un jour pour de tels hommes, les Vendéens ne doivent plus payer les auteurs des noyades : les impôts levés sur un peuple fidèle, ne doivent plus être le prix de la trahison ou de la proscription des Bourbons : presque tous les hommes en place actuellement, n'ont ils pas signé la mort civile et naturelle de cette famille auguste ? ....

Quelle est donc la boussole qui guide le ministre de la justice dans le renouvellement des cours et des tribunaux ? N'a-t-on pas un moyen infaillible de distinguer l'ivraie du bon grain ? Le gouvernement n'a-t-il pas en son pouvoir tous les registres des votes pour l'acte additionnel aux constitutions de l'empire ? Ne les a-t-on pas envoyés à Paris, pour en faire le dépouillement : les présidens, les procureurs généraux, les procureurs impériaux, ne faisaient-ils pas leur cour à Buonaparte au Champ-de-mai, en lui vantant leur zèle à faire signer l'article 67 ?

Tous ces registres doivent devenir *le code*

des destitutions, à moins que l'article de la charte constitutionnelle sur le pardon des *votes émis*, dispose pour l'avenir, comme pour le passé : alors, à la première occasion, il deviendra aussi indifférent de signer ou de ne pas signer la mort de son Roi, qu'une lettre de change.

Tous les signataires de l'article 67, sont des traîtres, ou des hommes pusilanimes, ou des hommes sordidement intéressés, qui ont préféré un trimestre de leurs appointemens à leur devoir. Admettons même dans le sens d'un gouvernement qui n'étonne que par sa clémence sans limites et sans succès, qu'il y en ait parmi eux d'excusables ; mais, pour cela ont-ils mérité des places et des récompenses : l'oubli n'est-il pas tout ce qu'ils pouvaient raisonnablement attendre?

Une fatalité inexplicable semble attachée à toutes les mesures que l'on prend pour sauver la France, aucune n'atteind son but ; il semble qu'il est encore dans le gouvernement une force invisible qui protège les Fédérés et les signataires de l'article 67 ; on n'emploie contre les uns, que juste ce qu'il faut de sévérité pour les aigrir sans les abattre ; parce qu'il n'y a du dévouement dans aucun administrateur, parce qu'ils n'ont aucune confiance dans un gouvernement qui ne devrait point en avoir en eux, ou parce qu'ils le trahissent ou le trahiront tant que les places seront le prix d'un voyage à Paris.

Qu'on se rappelle cette ordonnance de Ferdinand VII en 1814, qui enjoignit à tous les solliciteurs et solliciteuses de quitter Madrid dans les vingt-quatre heures : tout homme d'état dut la regarder comme le prélude de l'affermissement du trône d'un véritable Roi.

Que vont faire à Paris tous ces gens en place, qui resteraient à leur poste s'ils *étaient sans peur et sans reproche*? C'était au mois de mars qu'il fallait s'y donner rendez-vous.

Il nous manque un grand ouvrage : l'art d'obtenir les places dans un changement de gouvernement : laissons traiter cette matière à ceux qui sont revenus de la capitale sans rien obtenir : il n'ont plus que cette consolation.

Vivons dans la crainte de la révolution jusqu'à ce qu'il plaise au gouvernement d'accorder les emplois au dévouement est non à l'intrigue, jusqu'à ce qu'il se pénètre bien de cette vérité, qu'un homme dévoué suffit pour arrêter le plus terrible des complots ; et que cinquante vrais royalistes en place peuvent plus pour la cause du Roi, que mille royalistes vivant en simples particuliers ; qu'il faut que tous les employés, depuis le garde-champêtre jusqu'au ministre d'état, soient comme des sentinelles avancées, sur la vigilance desquelles on puisse compter, et qui avertissent le grand corps-de-garde du moindre mouvement de l'ennemi.

Il vaut mieux donner une fausse alarme que de se laisser surprendre : un cri de la sentinelle a souvent réveillé tout un poste endormi : il vaut mieux dépasser le but, que de ne pas l'atteindre : quelquefois un grand capitaine fait battre la générale au milieu de la nuit, pour voir si ses troupes sont toujours en haleine.

Un Roi qui croirait que son peuple ne peut être gouverné que par ses ennemis, devrait renoncer au trône : si ces hommes manquent de lumières, comme de dévouement, tout est perdu ; si au contraire, ils ont des talens sans dévouement, ces talens deviennent dans leurs mains des armes contre l'autorité royale. Les Montesquiou, les Soult, les Lanjuinais, les Fouché, les.... fournissent un exemple bien frappant de cette vérité.

Tous les honnêtes gens de la France ont intérêt à soutenir le gouvernement royal, qu'on ne mette donc en place que des honnêtes gens.

C'est par-là que le triomphe de Louis XVIII, doit différer de celui de Buonaparte ; tel doit être le résultat d'une victoire complette remportée sur le crime par la vertu. Il ne faut pas qu'un si beau triomphe dure dix mois, il faut l'assurer pour des siècles ; il faut que ce qui tenait au parti de l'usurpateur, rentre dans le néant comme lui ; il faut que la France, et avec elle toute l'Europe puissent dire : pour obtenir des places du Roi de France, il suffisait d'être honnête homme, dévoué et éclairé ; pour en obtenir de Buonaparte, il fallait être couvert de sang et de boue ; ce n'était que par erreur qu'il donnait quelques emplois aux honnêtes gens, comme le gouvernement royal a conservé provisoirement et par erreur certains ci-devant bonnets rouges, voltigeurs de Robespierre, ou d'autres individus qui ont donné des preuves de leur bonne envie de le devenir.

Qu'on se garde bien de faire un mérite à quelques révolutionnaires, blanchis dans le crime de leur apparente modération, quoique les exemples en soient assez rares ; ils ne sont pas convertis pour cela, ces vétérans fameux de la révolution ; ces régicides émérites, pensionnés par un gouvernement qui ne leur devait que le supplice des Damiens et des Ravaillac, dont ils n'ont pas même imité la grandeur du parricide, puisqu'ils n'ont pas fait comme eux le sacrifice de leur vie. Ils ne se conduisent ainsi, que parce qu'ils sont arrivés à leur but, et que leur cupidité est satisfaite.

Les glaces de l'âge éteignent les illusions, et rendent plus imminent l'instant de la ven-

geance céleste ; la vieillesse et ses incommo-
dités rendent superstitieux et pusillanime
comme la faiblesse de l'enfance. La vie de
l'homme finit comme elle commence : des appa-
ritions effrayantes troublent le sommeil des
assassins : l'ombre sanglante de Louis XVI se
multiplie au pied du lit de ses bourreaux.....

Ce n'est pas de ces vieillards échappés à la
faux du remords, que nous avons le plus à
redouter, ce n'est pas même de leurs fils, ils
sont trop heureux que le prix du sang d'un
Roi leur soit conservé par son frère ; mais
nous sommes environnés de Jacobins *tous
neufs*, qui veulent parvenir au même but ; il
faut les appeler par leur nom : ce sont les
Fédérés......

Qu'on nous délivre au moins des principaux ;
qu'ils aillent dans une terre étrangère, cher-
cher quelque peuple à révolutionner, et quelque trône à renverser. Nous ne voulons plus
les voir préparer impunément notre ruine jusques sous nos yeux, et employer pour y réussir
jusques aux instrumens de notre délivrance !....

Illustres compagnons des *Stoflet*, des *d'Elbée*,
des *Bonchamp*, des *Charrette*, des *Lescure*,
des *la Rochejaquelein*, dont les ombres im-
mortelles errent sur le sol de la Vendée ; vous
dont tous les bons Français doivent envier le
sort ; vous qui n'avez juré que pour combat-

tre et mourir; vous à qui Louis XVIII est re-
devable du droit de dater de la 22.ᵉ année de
son règne; vous dont l'attitude mâle et fière
en a imposé aux alliés mêmes: ils ont respecté
les cheveux blancs d'un Roi qui avait de pareils
amis; vous qui n'avez souillé le retour du meilleur des rois par aucune réaction, parce que
vous ne souffrîtes jamais rien d'impur dans vos
belles contrées; vous qui vous êtes ressouvenus
des noyades, des bateaux à soupape; vous qui
avez mieux aimé périr les armes à la main que
sur l'échafaud; vous qu'un ministère de traîtres, abusant de l'ordonnance du licenciement,
voulait forcer de vous endormir sur vos lauriers
auprès de la tombe de *la Rochejaquelein*, en
assimilant ainsi les braves qui lui firent un rem-
part de leurs corps, aux Fédérés qui l'avaient
égorgé; vous qui ne fûtes pas épouvantés de la
malheureuse issue de l'expédition du midi, vous
êtes tous officiers et soldats : toutes les places
militaires doivent vous être offertes : on ne
pourra jamais douter de votre dévouement et
de votre fidélité.

Il n'est pas un royaliste qui ne voulût voir
vos phalanges magnifiquement équipées, se
promener en triomphe dans toute la France
dont vous êtes les véritables héros : tous les
officiers de la nouvelle gendarmerie royale
devraient être des Vendéens : ils rempliraient

leur devoir, ceux-là; leur cœur est inaccessible à la crainte, comme à la trahison : ils sauraient faire, au besoin, de toute la France une Vendée; à la voix d'un Vendéen, tous les bons Français se rallieraient avec enthousiasme; voilà le gouvernement militaire qu'il nous faut.

Tous les Vendéens sont nobles, il faut mettre tous les vrais royalistes sur la même ligne; plus de dénominations offensantes, plus de distinctions illusoires, plus de caste privilégiée; la noblesse est dans le dévouement et dans le désintéressement : elle doit être la récompense des services passés ou présens, et le prix des blessures reçues au service du Roi et de la France.

La noblesse Française a bien dégénéré : ce sont les nobles qui ont aidé aux révolutionnaires à renverser le trône de Louis XVI; la majeure partie de la noblesse de 89, était de la secte de Voltaire, athée, débauchée, lâche, tracassière, intrigante, égoïste : on a vu des évêques nobles, le sabre au côté, le bonnet rouge sur la tête, présider des comités révolutionnaires. Les *l'Egalité*, les *Mirabeau*, les *Lafayette*, les *Lepelletier de St.-Fargeau*, les *Labédoyère*, les *Lavalette* étaient nobles.

Les restes précieux de l'antique noblesse d'épée ont émigré, ou se sont fait tuer dans la Vendée et dans l'armée de Condé : tous les autres sont restés en France , ils se sont pliés aux circonstances , et ont augmenté le nombre des girouettes de toutes les conditions ; et ce sont ceux-là qui se montrent les plus jaloux de leurs anciens titres ; il fallait au moins prouver qu'ils en étaient dignes par une émigration de trois mois , au lieu de rester en France pour dire hautement que Louis XVIII n'était revenu que pour les compromettre.....

Il y a d'honorables exceptions , sans doute , mais elles ne font que confirmer la règle générale.

Au reste, la plupart de ces nobles ne l'étaient devenus, que depuis la décadence de la monarchie : tous ces vains titres accordés souvent à des hommes nuls n'étaient que la récompense de l'échevinage, comme ils l'ont dit à Buonaparte.

De Richelieu , de Vaublanc , de Grammont, de Guiche , de la Trémoille , d'Ambrugeac , de Damas, de Châteaubriant , de Lally-Tolendal, de la Rochefoucault, de Polignac, de la Roche-jacquelein, de Charette, de Bourmont, d'Oudinot, de Clarke, Macdonald : c'est vous qui êtes nobles.

On a bien changé le ministère , mais son ouvrage subsiste toujours ; la plupart de ses créatures occupent toujours les places qu'il lui avait données ; il s'est glissé dans la chambre des

Pairs des hommes qui devraient être compris dans l'ordonnance du Roi.

Qui est-ce qui avait un brevet d'exclusion mieux conditionné que M. Lanjuinais ? à quel vent n'a-t-il pas tourné dans les deux dernières années de sa vie politique , malgré sa réputation usurpée d'une vertu stoïque ? Sénateur sous Buonaparte , Pair sous Louis XVIII , Buonaparte reparaît , il est encore Pair , et par surcroît , président de cette chambre de factieux dont quelques-uns avaient travaillé très-efficacement au retour du *plus grand capitaine du monde :* voilà un choix qui l'honore : deux cents factieux aussi disposés à faire le *bonheur* de la France que cette chambre de *Représentans du peuple*, ne se trompent pas sur le compte d'un homme qu'ils mettent à leur tête. Louis XVIII revient , M. Lanjuinais est encore Pair, et même président d'un collége électoral, où les électeurs sont forcés de le rappeler à l'ordre en ces termes : « Dites que vous venez » au nom du Roi , et non pas au nom du gou- » vernement. » Rien ne prouve mieux que le Roi ne régnait alors que sur le papier, qu'il n'était que le prête-nom du ministère, puisqu'il fallait apprendre à un envoyé à parler au nom de son véritable maître. M. Lanjuinais ne s'en tient pas-là , il entonne à la chambre des Pairs les litanies de 93 ; on lui répond avec courage : on le réduit au silence : il publie un écrit incendiaire contre la loi qui nous fait espérer un terme à nos maux.

Masséna a beaucoup d'or , il ne figure pas dans l'ordonnance du Roi ! Cette ordonnance n'est qu'ébauchée, ou plutôt faite à contre-sens ; on y voit des lieutenans-généraux obscurs : des maréchaux mille fois plus criminels , y sont traités avec une inconcevable clémence , parce qu'ils sont les vieux amis du rédacteur.

Le bruit courut au mois d'Avril dernier, que le premier acte de justice du duc d'Angoulême avait été de faire fusiller le prince d'Esling , pour avoir paralysé l'élan patriotique des Marseillais, avec la dernière perfidie : ce jugement du public valait bien au moins que l'on mît en accusation celui qui en était l'objet. Point du tout ; on le charge de juger le maréchal Ney , il a été obligé de prouver lui-même , qu'il n'avait pas abjuré toute pudeur, en se récusant.

Que l'on remarque bien aussi que les épurations ne se sont faites avec promptitude et justice, que dans ces provinces où elles n'étaient pas nécessaires , à cause de leur dévouement à la famille des Bourbons ; parce qu'on a été forcé d'y écouter la voix d'un peuple indigné ; mais par-tout ailleurs la restauration est encore dans son enfance.

Il faut donc que dans chaque département

infecté de Fédérés , un homme éclairé et dévoué au Roi , qui n'ait rien à espérer du Gouvernement , et qui ne le craigne pas , parce qu'il a prouvé qu'il l'aimait dans un temps où l'on ne pouvait manifester cet amour qu'au péril de sa liberté et même de sa vie, remplisse la charge de censeur des Autorités qu'il verra prévariquer , et qu'il les démasque sans ménagement : pour cela , il faut un homme irréprochable et *tout-à-fait vierge en politique*, si l'on peut se servir de cette expression pour peindre toute sa pensée. Il sera le représentant de l'opinion publique ; quand il aura tort , tout le monde pourra le blâmer ; quand il aura raison , tout le monde pourra l'applaudir.

A cette menace , il nous semble voir sortir de tous les bureaux, de toutes les administrations , des nuées d'employés qui courent aux armes , pour punir l'auteur d'une semblable proposition. Il est aisé de les arrêter en leur disant comme le fils du Roi des rois : *Que celui d'entre vous qui est sans tache , lui jette la première pierre :* quand on est fort de sa conscience , on n'a rien à craindre, parce qu'on sait bien que la calomnie retombe toujours sur le calomniateur.

La chambre des Pairs vient d'accorder un sursis au maréchal Ney ; il est à désirer qu'on l'emploie à découvrir de nouveaux griefs plus terribles encore que ceux qui sont contenus dans son acte d'accusation : il faut que l'évidence du crime écrase les coupables. Il est une pièce importante qui prouve non-seulement que le maréchal *s'enfonçait de plus en plus dans la trahison*, mais qu'il était un traître consommé; on est surpris de ne pas la voir figurer dans l'acte d'accusation. L'on sait toujours bien dans les Provinces ce qui se passe à Paris, mais l'on ne sait jamais à Paris ce qui se passe dans les Provinces. Voici cette pièce telle qu'elle a été publiée, affichée et imprimée dans dans le n.º 6 du journal de Lyon, sous la date du 23 mars 1815.

Bulletin officiel, publié par ordre de M. le Préfet.

Un courrier expédié d'Auxerre à Lyon, par S. A. le Prince de la Moskowa, apporte plusieurs lettres du quartier-général.

Elles apprennent que l'empereur jouit d'une parfaite santé; que le 19, à neuf heures du matin, les troupes sont parties d'Auxerre pour Joigny et Sens; que les dispositions des habitans et de tous les corps militaires sont par-tout les mêmes que celles qui ont éclaté à Grenoble, à Lyon, à Châlons, et dans toutes les autres villes et communes que sa majesté a traversées.

Une dépêche adressée à M. le colonel Jameron, commandant la 16.e légion de la gendar-

merie impériale, contient la lettre suivante de
S. A. le Prince de la Moskowa :

« MM. les maréchaux Suchet et Oudinot sont
» en marche avec la garde impériale et les trou-
» pes des 4.e et 5.e divisions militaires, pour
» rejoindre l'empereur. Le plus grand accord
» règne par-tout ; Paris est très-tranquille.
» Un grand nombre de royalistes abandonnent
» la capitale, qui tend les mains à notre auguste
» monarque ; on pense qu'il y sera rendu le 20
» au soir. Ainsi se terminera, sans effusion de
» sang, une révolution dont l'histoire ne pré-
» sente point d'exemple. »

Signé, le Prince de la Moskowa.

Le Préfet du département du Rhône arrête,
conformément aux instructions spéciales qui
lui ont été adressées, que le présent Bulletin
sera imprimé, pour être publié et affiché dans
toutes les communes de ce département.

A Lyon, à l'hôtel de la Préfecture, ce 20
mars 1815.

Le Préfet du département du Rhône,
Le Comte Fourier.

Toutes les réflexions que peut suggérer la
lecture de ce bulletin et de la lettre du maréchal, se présentent naturellement à l'esprit ;
cependant, il en est une qui pourrait échapper.
C'est la fausse accusation dirigée par un traître,
contre le Bayard de notre siècle, ce brave des

braves , dont les lauriers furent toujours teints de son propre sang. Quel était le but du prince de la Moskowa, en plaçant le nom d'Oudinot dans sa perfide missive : voulait-il ébranler sa fidélité et justifier sa trahison, en multipliant le nombre de ses complices? il ne croyait pas qu'il y eût parmi ses compagnons d'armes, des hommes capables d'attendre que Napoléon fût à Paris , et tout-puissant pour lui envoyer leur démission : les hommes pervers ne croient pas à la vertu.

Si le préfet de police qui ne peut ignorer l'existence de cette pièce, l'avait communiquée à M. Bellart, à coup sûr, il en aurait fait usage dans le nouvel acte d'accusation.

Il est un point bien essentiel qui n'a pas encore pu être mis en délibération à la chambre des Députés, parce qu'elle n'a dû s'occuper d'abord que du salut de l'état; c'est le délabrement de nos finances, le moyen de les réparer et de payer les nouvelles dettes que la trahison et l'abus de la force nous ont fait contracter.

Il a déjà été adressé à la Chambre une pétition où l'on propose de faire payer les frais de la guerre par ceux qui l'ont provoquée, et non par des citoyens fidèles que les réquisitions de l'ennemi ont déjà trop punis d'une faute qui ne fut jamais la leur.

Quand on aura pu sonder la profondeur de nos blessures, on trouvera un projet de loi tout rédigé sur cette matière, dans la proclamation du général des Prussiens, avant d'entrer en France. Qu'il nous eût épargné de maux, s'il nous avait assez aimés pour tenir sa promesse !... Voilà cette déclaration qui devait être la règle de la conduite de tous les alliés, en revenant dans notre malheureuse patrie, s'ils avaient tous été aussi royalistes que les Russes et les Espagnols :

Le Feld-maréchal prince de Blücher, à MM. les administrateurs des départemens que doit occuper l'armée prussienne, entrant en France pour le maintien de la paix de Paris, du 3o mai 1814.

Messieurs,

Je vous préviens que j'ai nommé des personnes dignes de ma confiance, à l'administration des départemens que je traverserai en entrant en France, pour le maintien de la paix de Paris.

J'ai assigné à ces personnes des forces suffisantes pour faire respecter leur autorité, et je vous engage, Messieurs, à seconder leur administration en tout ce qui pourra dépendre de vous, pour le bien et la tranquillité du pays.

Non seulement les personnes dont j'ai fait

choix jouissent de l'estime publique et de ma confiance , mais elles connaissent à fond les différentes parties de la France que j'ai à traverser.

Le pouvoir dont je les ai revêtues dans les districts que je leur ai répartis, embrasse l'administration totale, tant civile que financière.

Je tiendrai la main à ce qu'il ne se commette aucun excès de la part de mes soldats.

J'ai donné un ordre du jour qui défend le pillage, sous peine de mort.

Je ne ferai la guerre qu'à Buonaparte et à ses complices.

L'habitant du pays n'aura point à se plaindre de mon armée.

Je veux que le fléau de la guerre ne soit supporté que par ceux qui nous ont attirés à vos frontières, en trahissant leur foi et leurs sermens.

J'aurai soin de faire établir des magasins pour nourrir mon armée dans les bivouacs.

Ces magasins seront fournis à l'aide de réquisitions, mais dont la valeur sera payée, sur-le-champ, en bons du trésor de France, garantis par mon armée.

Ces bons seront reçus en paiement des biens que je ferai confisquer sur les fauteurs de Buonaparte, et dont la vente aura lieu sur-le-champ.

Nulle autre monnaie ne sera reçue à l'acquisition de ces biens, et nul autre que des Français ne pourra les acquérir.

Ces biens seront pris, non seulement sur ceux qui suivent Buonaparte, comme soldat de ligne, ou comme garde national, mais aussi sur ceux qui l'aident de leurs conseils ou de leur influence.

Aussitôt mon entrée en France, je ferai publier à cet effet une déclaration, déjà imprimée, qui ordonne à tout soldat réfractaire à son serment, et à tous les Français en général qui suivent le parti de Buonaparte, de rentrer dans leurs foyers, et il leur sera accordé quinze jours de temps pour s'y conformer.

L'ostracisme le plus absolu sera prononcé contre tous ceux qui n'obéiront pas strictement à cet ordre, et leurs biens seront déclarés biens nationaux, et mis à l'instant à l'enchère.

C'est à l'acquisition de ces biens nationaux que les bons du trésor de France, garantis par mon armée, seront exclusivement reçus.

Ces bons seront donnés en paiement de toutes les fournitures dont l'armée aura besoin ; et ils auront valeur numéraire pour l'achat de ces biens confisqués par les droits de la guerre, et dans l'intention la plus paternelle pour la France et pour ses habitans.

Si, comme je l'espère, la totalité de ces bons n'aurait pas été employée à l'achat de biens confisqués, il sera pourvu à leur remboursement, immédiatement après la guerre, et d'après leurs cours au jour du remboursement.

Mon but, Messieurs, en vous prévenant de mes intentions, est que vous en fassiez part à vos concitoyens, afin qu'ils sachent dans quel esprit et à quelle fin les Alliés reparaissent en France. Contribuez à détruire l'opinion donnée par les amis de Buonaparte, et qu'ils sachent que nous ne venons que pour les affranchir du joug le plus honteux, et remplir envers eux le traité de Paris, en tout ce qui concerne et leurs droits et leur liberté.

Blücher n'a tenu aucune de ces promesses; en arrivant à Paris, c'est sur un pont qu'il fit tomber sa colère; il a lui-même condamné ce qu'il a fait, en déclarant ce qu'il devait faire.

Pourquoi ne suivrions-nous pas la marche que nous ont tracée nos ennemis, quand ils se disaient nos *amis*, si elle est conforme à nos véritables intérêts? Pourquoi la chambre des Députés ne suspendrait-elle pas jusqu'à la prochaine session l'abolition de la confiscation des biens, comme elle a suspendu l'*Habeas corpus*, et l'inamovibilité des Juges, qui sont d'une toute autre importance?

On nous l'a fait connaître enfin, ce traité de paix qu'on disait tout fait avant l'invasion, puisqu'il n'y a point eu de déclaration de guerre.

Il est tel que l'ont dicté les Anglais. La satyre la plus sanglante que l'on puisse en faire, est contenue tout au long dans la déclaration signée par les alliés assemblés au congrès, le 12 mai 1815; ils y disent expressément, comme Blü-'cher dans sa proclamation, qu'ils ne viennent faire la guerre qu'à Buonaparte et à ses adhé-rens, que sa présence en France est seule un obstacle à l'exécution du traité de Paris.

Voilà donc comme ils dépouillent ce *Roi dont l'intégrité sans tache, et la bonté sans limites, contrastent si merveilleusement avec la perfidie et les crimes de l'usurpateur !* Voilà donc comme ils lui savent gré d'avoir fait les trois quarts de leur ouvrage par ses proclama-tions à un peuple qui l'adore ! voilà donc comme ils font rétrograder chaque année les limites de cette France qu'ils voulaient rendre *forte* et *puissante!*

Nous voyons maintenant pourquoi ils ont mieux accueilli les adhérens de Buonaparte, que les amis du Roi; l'existence de deux partis en France leur est nécessaire, pour les oppo-ser sans cesse l'un à l'autre : tout le secret de leurs cabinets est dans cette maxime d'un homme d'état fameux par la noirceur de son génie : *divisez, pour régner.*

Sans le Roi et les royalistes, qu'auraient-ils fait en 1814, et sur-tout en 1815?

Ils nous laissent des garnisons , qu'ils noüs promettent de retirer si la France est tranquille ; ce n'est plus dans la présence de leurs troupes que nous devons voir la garantie de notre tranquillité intérieure ; c'est dans un gouvernement établi sur des bases solides.

Où en serions-nous si le Ciel courroucé de leur conduite envers le Roi et les Royalistes , faisait tomber parmi eux la pomme de discorde? ce n'est jamais pendant les expéditions , c'est toujours dans le partage du butin que naissent les querelles.

On a beaucoup parlé et l'on parle encore de la France divisée en quatre grands gouvernemens : le *Nord*, le *Midi*, l'*Est* et l'*Ouest* , où les princes de la Famille royale feraient leur résidence ; le duc de Berri à Lille , le duc d'Angoulême à Bordeaux, le comte d'Artois à Lyon , et le duc de Bourbon à Nantes. Il est impossible de calculer tout le bien que pourrait faire dans ce moment une semblable institution , sur-tout à Lyon , où elle est plus nécessaire que par-tout ailleurs.

Non seulement dans ces gouvernemens les Princes s'exerceraient au grand art de manier les rênes de l'empire, et pourraient prendre une juste idée de l'esprit et de la situation de leurs peuples , mais leur présence donnerait aux administrations une nouvelle vie dont elles ont le plus pressant besoin : tout le monde serait à son poste; les prévarications, s'il pouvait en exister, seraient aussitôt connues et punies : il serait facile de faire connaître au Roi, par d'aussi respectables intermédiaires, les erreurs que l'intrigue et la brigue ont fait commettre dans le don des places à des hommes qui ne les méritaient à aucuns titres. Le peuple apprendrait à bien connaître ces Bourbons que les factions lui avaient fait oublier.

Ce qui prouve que cette mesure pourrait avoir de fort bons résultats, c'est l'effet qu'a produit le passage de Monseigneur le duc d'Angoulême à Lyon. Pendant ces deux jours d'une joie publique trop passagère, il n'est pas un Fédéré qu'on n'ait reconnu à la tristesse et à la pâleur de sa physionomie; plusieurs étaient partis pour la campagne, ou restaient chez eux; on n'en voyait aucun dans les promenades publiques, ou, s'il en paraissait quelques-uns, à la précipitation de leur pas, on eût dit qu'ils marchaient sur des charbons ardens : la Fédération de Lyon ne pourrait résister à la présence continuelle d'un Prince français.

Les Fédérés attribuent le retour des Bourbons à la clémence des juges et à la lenteur des bourreaux de 1793 : ils disent que si Carrier et Francastel avaient noyé tous les Vendéens, ils n'auraient pas pu s'insurger en 1815; et que pour rendre toute la France *libérale*, il faudrait qu'elle ne fût peuplée que de *libéraux*. Ils s'appellent le corps de la Nation.

Si Louis XVIII voulait prendre les mêmes mesures que Buonaparte, si sa grande ame ne dédaignait pas un semblable stratagême, s'il faisait un acte additionnel à sa charte parfaitement conforme à celui de l'usurpateur; au lieu de quelques milliers de signatures données par des hommes de sang et de boue, ou arrachées par la terreur, ou l'envie de conserver leurs places sous le tyran, à des hommes pusillanimes et intéressés, on en verrait des millions de tout ce que la France a de plus estimable, quoique la révolution ait réduit de moitié la classe des citoyens honnêtes, par ses massacres : voilà ce qu'on pourrait appeler le vœu de la Nation.

Quel est l'homme d'honneur qui ne saurait pas faire la différence d'une famille illustre par son antiquité et ses malheurs, à qui nous devons les deux objets de l'amour et de l'admiration des Français et de l'Europe entière : Henri IV et Louis XIV, d'avec une famille d'aventuriers, sortie du bourbier infect de la révolution ?

Qu'on imite les Fédérés dans ce que leurs idées peuvent avoir de sage et de légitime; qu'on leur laisse tout ce qui leur appartient, leur fortune et leur vie ; mais qu'on les prive de leurs emplois dont ils n'ont fait usage, que pour trahir et detrôner un Roi qui ne leur a jamais fait que du bien.

On dit que *la coignée est à la racine de l'arbre* ; il y a encore bien des coups à frapper avant de l'avoir tout-à-fait abattu.

Cependant le parti fédéré peut être comprimé et anéanti, mais il n'y a pas un instant à perdre ; il peut s'accroître de jour en jour des mécontens qui déserteraient le nôtre. Tel qui a consommé ses dernières ressources pour la cause du Roi, dans les prisons de la Fédération, révolté de l'ingratitude du Gouvernement, peut demander du pain et en recevoir de ces mêmes Fédérés, qu'il a combattus avec tant de courage : ils lui ouvriront leurs bras, lors même qu'ils douteraient de la sincérité de son retour : tous les moyens leur sont bons pour parvenir à leurs fins : ne se sont-ils pas servis en 1789 de *l'Egalité*, pour le guillotiner ensuite.

Rien ne fait plus de mal à une armée que ses transfuges à l'ennemi, parce qu'ils peuvent en dévoiler et le fort et le faible, et apprendre sur quels points on doit diriger les attaques.

Le parti fédéré n'a qu'une vertu, c'est la reconnaissance : les hommes qui conspirent contre le Gouvernement royal, ont déjà en leur pouvoir le brevet de l'emploi qu'ils doivent obtenir, en cas de réussite. Quand Buonaparte arriva à Paris , tous ses ministres étaient nommés.

Un Royaliste qui s'est dévoué sans espoir de récompense , fera tout pour la cause du Roi ; s'il en obtient une, c'est sur son corps qu'il faudra marcher, pour arriver jusqu'à son chef. Voilà les hommes qu'il faut récompenser, et non pas ceux qui se disent Royalistes, quoiqu'ils n'aient jamais fait pour les Bourbons, que des acclamations, et leur toilette à l'arrivée des Princes.

A ce trait l'on voit bien que l'Auteur n'est pas *noble*.

FIN.